1985

fête des mère
Carole et

[barcode] D1402157

POULET

BRIMAR

Éditrice : Angela Rahaniotis
Conception graphique : Zapp
Photographies : Marc Bruneau
Préparation des recettes/styliste : Josée Robitaille
Assistant styliste : Marc Maula

© 1994 Les Éditions Brimar Inc.
338, rue Saint-Antoine Est
Montréal, Canada H2Y 1A3
Tél. (514) 954-1441
Fax (514) 954-5086

ISBN 2-89433-101-0
Imprimé au Canada

POULET

Le poulet est un des mets préférés de la famille. Peu coûteux et faible en lipides et en calories, il constitue l'aliment par excellence pour les personnes soucieuses de leur santé.

Le poulet est aussi une des viandes les plus polyvalentes, comme vous le confirmeront tous les grands chefs. Ce petit livre renferme un choix de recettes délicieuses, allant des plus rapides et simples aux plus exotiques et raffinées.

De plus, vous y trouverez des explications très détaillées sur le dépeçage d'un poulet et sur la façon de désosser des poitrines, techniques que tout bon cuisinier devrait maîtriser.

Devant une telle variété de recettes, les membres de votre famille réclameront sûrement des petits plats à base de poulet plus d'une fois par semaine !

Comment dépecer un poulet

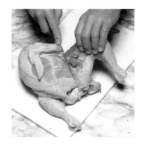

1 D'une main, tirer doucement la cuisse vers l'extérieur du poulet. De l'autre, couper la peau qui relie la cuisse au corps. Faire pivoter la cuisse sur elle-même en l'éloignant de sa position naturelle, jusqu'à ce que l'articulation craque. À l'aide d'un couteau tranchant, couper au niveau de l'articulation.

2 Mettre la cuisse le côté peau vers le bas et couper au niveau de l'articulation pour séparer le pilon du haut de la cuisse. Recommencer avec l'autre cuisse.

3 Tenir l'aile loin du corps et tirer fermement jusqu'à ce que l'articulation craque. Couper au niveau de l'articulation pour séparer l'aile du corps.

4 Faire glisser la lame du couteau le long de la cage thoracique et de la colonne vertébrale pour séparer la poitrine de la carcasse.

5 Couper la poitrine de poulet en deux, dans le sens de la longueur, pour obtenir deux suprêmes de poulet.

6 Vous obtiendrez six morceaux de poulet. Pour obtenir huit morceaux, couper chaque demi-poitrine en deux.

Désosser les suprêmes de poulet

1 Enlever la peau des morceaux de poulet.

2 Faire glisser la lame du couteau entre la chair du poulet et le morceau de cartilage le long de chaque demi-poitrine. Couper le long du cartilage en tirant la chair doucement pour l'en éloigner.

Conseils pour préparer le poulet

- Toujours laver le poulet à l'eau froide et bien l'assécher avec du papier absorbant avant de l'apprêter. Travailler sur une surface facile à nettoyer et à désinfecter.

- Un poulet coupé en 6 morceaux comprend :
  2 demi-poitrines
  2 pilons
  2 cuisses

- Un poulet coupé en 8 morceaux comprend :
  4 morceaux de poitrine
  2 pilons
  2 cuisses

- La grosseur des morceaux de poulet peuvent varier. Utiliser les temps de cuisson recommandés comme guide seulement ; les modifier selon la grosseur des morceaux.

Bouillon de poulet

500 g	os de poulet	1 lb
1,5 litre	eau	6 tasses
125 ml	carotte hachée	½ tasse
125 ml	oignon haché	½ tasse
125 ml	céleri haché	½ tasse
125 ml	poireau haché	½ tasse
1	gousse d'ail, écrasée	1
1	brin de thym	1
1	feuille de laurier	1
10	grains de poivre entiers	10
1	clou de girofle	1

1 Rincer les os de poulet et les mettre dans une casserole. Ajouter l'eau et porter à ébullition. À l'aide d'une cuillère, écumer la mousse qui se forme à la surface.

2 Ajouter le reste des ingrédients et laisser mijoter à feu doux pendant 1½ heure. Le liquide devrait frémir à peine.

3 Dégraisser, puis filtrer le bouillon. Laisser refroidir et garder au réfrigérateur.

Poulet à l'espagnole
(4 portions)

1,5 kg	poulet lavé et coupé en 6 morceaux	3 lb
30 ml	huile d'olive	2 c. à s.
1	oignon, épluché et haché	1
2	gousses d'ail, épluchées, écrasées et hachées	2
125 g	petits pois surgelés	¼ lb
2	tranches de bacon de dos, cuites et coupées en julienne	2
2	poivrons jaunes	2
2	poivrons rouges	2
2	tomates, évidées et coupées en deux	2
15 ml	persil frais haché	1 c. à s.
	sel et poivre	

1 Enlever la peau des morceaux de poulet et bien les assaisonner. Faire chauffer 30 ml (2 c. à s.) d'huile dans une poêle, à feu moyen. Ajouter le poulet. Faire cuire 18 minutes à feu doux, en retournant les morceaux 2 à 3 fois pendant la cuisson.

2 Retirer les demi-poitrines de poulet de la poêle et réserver.

3 Ajouter l'oignon et l'ail au reste du poulet dans la poêle; poursuivre la cuisson 8 minutes. Remettre les demi-poitrines de poulet dans la poêle et ajouter les petits pois et le bacon. Faire cuire 4 minutes.

4 Entre-temps, couper les poivrons en deux et les épépiner. Badigeonner la peau d'huile et les mettre sur une plaque à biscuits, le côté coupé vers le bas. Huiler la face coupée des tomates et les ranger sur la plaque à biscuits, le côté coupé vers le haut. Faire griller au four 8 à 10 minutes. Peler les poivrons.

5 Servir le poulet avec les poivrons rôtis et les tomates. Parsemer de persil. Accompagner de riz, si désiré.

Rouleaux de poitrines de poulet au prosciutto et au fromage

(4 portions)

2	poitrines de poulet entières et désossées	2
4	tranches de prosciutto	4
4	tranches de gruyère	4
45 ml	beurre	3 c. à s.
2	carottes, pelées et tranchées	2
2	échalotes sèches, épluchées et émincées	2
375 ml	bouillon de poulet, chaud	1 ½ tasse
15 ml	fécule de maïs	1 c. à s.
45 ml	eau froide	3 c. à s.
	sel et poivre	

Préchauffer le four à 180 °C (350 °F).

1 Enlever la peau des poitrines de poulet, couper en deux et dégraisser. Avec un rouleau à pâte, aplatir entre deux feuilles de papier ciré, jusqu'à 5 mm (¼ po) d'épaisseur.

2 Assaisonner et déposer sur un plan de travail. Couvrir chaque morceau d'une tranche de prosciutto et d'une tranche de fromage. Replier le prosciutto par-dessus la garniture, puis rouler et ficeler.

3 Faire chauffer le beurre à feu moyen dans une poêle allant au four. Ajouter les rouleaux, les carottes et les échalotes ; bien assaisonner.

Faire saisir 3 minutes afin que les rouleaux soient bien brunis.

4 Couvrir et terminer la cuisson au four, 8 à 10 minutes, ou jusqu'à ce que les rouleaux soient cuits.

5 Retirer les rouleaux cuits de la poêle et réserver au chaud.

6 Mettre la poêle sur la cuisinière, à feu vif. Y verser le bouillon de poulet et laisser cuire 3 minutes.

7 Diluer la fécule de maïs dans l'eau froide. Incorporer à la sauce et faire cuire 1 minute, à feu doux. En napper le poulet ; servir accompagné de pommes de terre et de courgettes.

8

Avec un rouleau à pâte, aplatir les poitrines de poulet entre deux feuilles de papier ciré jusqu'à environ
5 mm (¼ po) d'épaisseur.

Couvrir chaque morceau d'une tranche de prosciutto
et d'une tranche de fromage.

Replier les bords du prosciutto par-dessus la garniture, puis rouler et ficeler.

Faire chauffer le beurre à feu moyen dans une poêle
allant au four. Ajouter les rouleaux de poulet, les
carottes et les échalotes sèches ; bien assaisonner.
Faire saisir pendant 3 minutes afin que les rouleaux
soient bien brunis.

Suprêmes de poitrines de poulet farcis
(4 portions)

2	poitrines de poulet entières et désossées	2
250 ml	olives Kalamata dénoyautées	1 tasse
4	filets d'anchois, rincés et égouttés	4
15 ml	jus de lime	1 c. à s.
1	gousse d'ail, épluchée, écrasée et hachée	1
15 ml	huile d'olive	1 c. à s.
15 ml	moutarde forte	1 c. à s.
2	œufs durs, coupés en deux	2
45 ml	beurre	3 c. à s.
250 ml	vin blanc sec	1 tasse
15 ml	basilic frais haché	1 c. à s.
	sel et poivre	

Préchauffer le four à 180 °C (350 °F).

1 Enlever la peau des poitrines de poulet, couper en deux et dégraisser. Avec un maillet de bois, aplatir entre deux feuilles de papier ciré, jusqu'à 5 mm (¼ po) d'épaisseur. Assaisonner et réfrigérer.

2 Mélanger les olives, les anchois, le jus de lime, l'ail, l'huile et la moutarde au robot culinaire. Forcer les œufs à travers une passoire ; incorporer au mélange.

3 Déposer le poulet sur un plan de travail. Répartir la farce entre les morceaux ; rouler et ficeler.

4 Faire chauffer le beurre dans une poêle allant au four, à feu moyen. Y faire saisir les rouleaux 3 minutes, jusqu'à ce qu'ils soient bien brunis.

5 Couvrir ; terminer la cuisson au four, environ 8 à 10 minutes.

6 Retirer les rouleaux cuits de la poêle et réserver au chaud.

7 Mettre la poêle sur la cuisinière, à feu vif. Ajouter le vin et le basilic ; faire cuire 3 minutes.

8 Servir le jus de cuisson déglacé avec le poulet. Accompagner de pâtes, si désiré.

Poitrines de poulet marinées au miel

(4 portions)

2	poitrines de poulet entières et désossées	2
45 ml	vinaigre de vin aux fines herbes	3 c. à s.
25 ml	miel	1 ½ c. à s.
30 ml	sauce Worcestershire	2 c. à s.
10 ml	huile d'olive	2 c. à t.
1	gousse d'ail, épluchée, écrasée et hachée	1
1 ml	origan	¼ c. à t.
1	pincée de thym	1
	poivre fraîchement moulu	

1 Enlever la peau des poitrines de poulet et les couper en deux. Mettre dans un plat avec tous les autres ingrédients. Couvrir d'une pellicule plastique et réfrigérer 1 heure.

2 Préchauffer le four à 200 °C (400 °F).

3 Disposer les demi-poitrines de poulet dans un plat allant au four. Faire chauffer le four à gril. Lorsque l'élément supérieur est chaud, enfourner le poulet sur la grille du haut. Faire griller 5 minutes.

4 Baisser la température du four à 180 °C (350 °F). Retourner les demi-poitrines de poulet et faire cuire 10 à 12 minutes. Si nécessaire, modifier le temps de cuisson selon la grosseur des morceaux. Retourner de nouveau les demi-poitrines de poulet à mi-cuisson.

5 Servir avec une salade verte, ou sur des petits pains grillés comme sandwiches santé.

Poitrines de poulet à l'estragon
(4 portions)

2	poitrines de poulet entières et désossées	2
30 ml	beurre	2 c. à s.
4	brins d'estragon frais	4
375 ml	bouillon de poulet, chaud	1 ½ tasse
15 ml	fécule de maïs	1 c. à s.
45 ml	eau froide	3 c. à s.
250 ml	petits pois surgelés	1 tasse
	jus de ½ citron	
	sel et poivre	

Préchauffer le four à 180 °C (350 °F).

1 Enlever la peau des poitrines de poulet et les couper en deux. Faire chauffer le beurre dans une poêle, à feu moyen. Ajouter les demi-poitrines de poulet et faire cuire 2 minutes de chaque côté.

2 Disposer les demi-poitrines de poulet en une seule couche, dans un plat allant au four. Bien assaisonner et ajouter l'estragon et le jus de citron. Couvrir de papier d'aluminium et faire cuire au four 18 minutes.

3 Retirer le poulet du plat et réserver.

4 Mettre le plat de cuisson sur la cuisinière, à feu vif. Y verser le bouillon de poulet et faire cuire 3 minutes.

5 Diluer la fécule de maïs dans l'eau froide ; incorporer à la sauce. Baisser le feu à moyen et faire cuire 30 secondes.

6 Ajouter les petits pois et les demi-poitrines de poulet. Laisser mijoter 3 minutes, à feu doux, puis servir. Accompagner d'asperges et de patates douces en purée, si désiré.

Poulet aux champignons
(4 portions)

1,5 kg	poulet lavé et coupé en 8 morceaux	3 lb
45 ml	huile d'olive	3 c. à s.
12	échalotes sèches, épluchées	12
250 g	têtes de champignon, nettoyées et coupées en quatre	½ lb
45 ml	vinaigre balsamique	3 c. à s.
375 ml	bouillon de poulet, chaud	1½ tasse
15 ml	fécule de maïs	1 c. à s.
45 ml	eau froide	3 c. à s.
15 ml	persil frais haché	1 c. à s.
	sel et poivre	

1 Enlever la peau des morceaux de poulet et bien les assaisonner. Faire chauffer l'huile dans une poêle, à feu moyen. Ajouter le poulet et les échalotes sèches. Faire cuire 18 minutes, à feu doux, en retournant les morceaux 2 à 3 fois pendant la cuisson.

2 Retirer les morceaux de poitrines de poulet de la poêle et réserver.

3 Poursuivre la cuisson du reste du poulet pendant 5 minutes. Ajouter les têtes de champignon, assaisonner et faire cuire 8 minutes ou jusqu'à ce que le poulet soit cuit. Enlever les morceaux de poulet et réserver.

4 Ajouter le vinaigre à la poêle, et faire cuire 2 minutes à feu vif. Mouiller avec le bouillon de poulet et poursuivre la cuisson 2 minutes.

5 Diluer la fécule de maïs dans l'eau froide; l'incorporer à la sauce dans la poêle. Remettre les morceaux de poulet dans la poêle et laisser mijoter de 3 à 4 minutes, à feu doux.

6 Parsemer de persil et servir. Accompagner d'asperges et de polenta, si désiré.

Poulet à la saucisse italienne et au vin

(4 portions)

1,5 kg	poulet lavé et coupé en 6 morceaux	3 lb
30 ml	huile d'olive	2 c. à s.
1	poivron vert	1
1	poivron jaune	1
2	saucisses italiennes	2
2	gousses d'ail, épluchées, écrasées et hachées	2
1	petit oignon, épluché et coupé en rondelles	1
125 ml	chianti	½ tasse
	sel et poivre	

1 Enlever la peau des morceaux de poulet et bien les assaisonner. Faire chauffer 30 ml (2 c. à s.) d'huile d'olive dans une poêle, à feu moyen. Ajouter le poulet. Faire cuire 18 minutes à feu doux, en retournant les morceaux 2 à 3 fois pendant la cuisson.

2 Entre-temps, couper les poivrons en deux et les épépiner. Badigeonner la peau d'huile et mettre sur une plaque à biscuits, le côté coupé vers le bas ; faire griller 8 à 10 minutes au four. Sortir du four et laisser refroidir. Peler les poivrons, les trancher et réserver.

3 Couper les saucisses en biseau, en tranches de 1 cm (½ po) d'épaisseur.

4 Retirer les demi-poitrines de poulet de la poêle et réserver.

5 Ajouter les poivrons tranchés, les saucisses, l'ail et l'oignon au reste du poulet dans la poêle. Assaisonner et faire cuire 8 minutes, à feu doux.

6 Remettre les demi-poitrines de poulet dans la poêle et poursuivre la cuisson 4 minutes. Disposer les morceaux de poulet dans un plat de service chaud.

7 Ajouter le vin au mélange dans la poêle. Faire cuire 3 minutes, à feu vif. Verser sur le poulet et servir.

Poulet frit mariné au saké

(4 à 6 portions)

2	poitrines de poulet entières et désossées	2
30 ml	gingembre frais haché	2 c. à s.
50 ml	sauce soya	¼ tasse
50 ml	saké	¼ tasse
250 ml	fécule de maïs	1 tasse
	quelques gouttes de sauce de piments	
	poivre fraîchement moulu	
	huile végétale pour friture	

1 Enlever la peau des poitrines de poulet et couper la chair en morceaux de 2,5 cm (1 po).

2 Mettre dans un bol avec le gingembre, la sauce soya, le saké, la sauce de piments et le poivre. Remuer, couvrir et laisser mariner 30 minutes.

3 Égoutter les morceaux de poulet et les enrober de fécule de maïs.

4 Faire chauffer l'huile dans une poêle, à feu vif. Lorsque l'huile est chaude, ajouter les morceaux de poulet et les faire frire à feu vif, jusqu'à ce qu'ils soient bien brunis et cuits.

5 Poivrer et servir. Accompagner de haricots verts, de concombres et de patates douces en purée, si désiré.

Boulettes de poulet au cari

(4 portions)

750 g	poulet haché	1 ½ lb
30 ml	chapelure	2 c. à s.
15 ml	persil haché	1 c. à s.
1	petit œuf	1
50 ml	huile d'olive	¼ tasse
2	oignons, épluchés et émincés	2
30 ml	poudre de cari	2 c. à s.
5 ml	cumin	1 c. à t.
30 ml	farine	2 c. à s.
500 ml	bouillon de poulet, chaud	2 tasses
	quelques gouttes de sauce Worcestershire	
	quelques gouttes de tabasco	
	sel et poivre	

1 Au robot culinaire, mélanger rapidement le poulet haché, la chapelure, les sauces Worcestershire et tabasco et le persil. Ajouter l'œuf, saler et poivrer. Mélanger de nouveau pour obtenir une pâte.

2 Avec les mains, façonner le mélange en petites boulettes, couvrir et réfrigérer 15 minutes ou jusqu'à ce que les boulettes soient fermes.

3 Faire chauffer la moitié de l'huile dans une poêle, à feu moyen. Y faire cuire les boulettes de poulet 4 à 5 minutes, afin qu'elles soient brunies sur toutes leurs faces.

Lorsqu'elles sont cuites, les retirer de la poêle et les réserver sur du papier absorbant.

4 Faire chauffer le reste de l'huile dans la poêle et y faire cuire les oignons 12 minutes, à feu doux. Incorporer le cari et le cumin ; poursuivre la cuisson 5 minutes.

5 Saupoudrer de farine et bien mélanger. Ajouter le bouillon de poulet et faire cuire 4 minutes, à feu moyen-doux.

6 Remettre les boulettes de poulet dans la poêle et laisser mijoter 4 minutes. Servir.

Cuisses de poulet au fenouil
(4 portions)

1	gros bulbe de fenouil	1
4	cuisses de poulet	4
30 ml	huile d'olive	2 c. à s.
2	gousses d'ail, épluchées et tranchées	2
3	tomates, pelées, épépinées et hachées	3
5 ml	basilic	1 c. à t.
1	feuille de laurier	1
250 ml	bouillon de poulet, chaud	1 tasse
	sel et poivre	

1 Enlever les tiges et les feuilles vertes du bulbe de fenouil. Le couper en deux et enlever le cœur. Émincer et réserver.

2 Couper les cuisses de poulet à l'articulation, entre le pilon et le haut de la cuisse. Enlever la peau.

3 Faire chauffer l'huile dans une poêle, à feu moyen. Ajouter les morceaux de poulet et faire cuire 6 minutes de chaque côté.

4 Ajouter l'ail et faire cuire 1 minute. Ajouter les tomates et les assaisonnements. Faire cuire 5 minutes, à feu doux.

5 Ajouter le fenouil émincé et le bouillon de poulet. Couvrir et faire cuire 20 minutes, à feu doux.

6 Retirer le poulet de la poêle et réserver.

7 Poursuivre la cuisson 5 à 6 minutes, à découvert. La sauce devrait être épaisse et le fenouil, bien cuit.

8 Remettre le poulet dans la poêle et laisser mijoter 2 minutes. Servir avec des pâtes et du brocoli, si désiré.

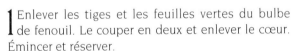

Poulet aux légumes-racines
(4 portions)

2	carottes, pelées et coupées en bâtonnets	2
1/2	navet, pelé et coupé en bâtonnets	1/2
1,5 kg	poulet lavé et coupé en 6 morceaux	3 lb
30 ml	huile d'olive	2 c. à s.
24	petits oignons blancs, épluchés	24
5 ml	zeste de citron râpé	1 c. à t.
15 ml	persil frais haché	1 c. à s.
1 ml	thym	1/4 c. à t.
2 ml	graines de céleri	1/2 c. à t.
375 ml	bouillon de poulet, chaud	1 1/2 tasse
15 ml	fécule de maïs	1 c. à s.
45 ml	eau froide	3 c. à s.
	sel et poivre	

1 Faire cuire les carottes et le navet dans de l'eau bouillante salée jusqu'à ce qu'ils soient encore croquants. Les passer sous l'eau froide, bien égoutter et réserver.

2 Enlever la peau du poulet et bien assaisonner. Faire chauffer l'huile dans une poêle. Y faire cuire le poulet 18 minutes, à feu doux ; retourner 2 à 3 fois pendant la cuisson.

3 Retirer les demi-poitrines de poulet de la poêle et réserver.

4 Dans la poêle, ajouter les légumes cuits, les oignons, le zeste et les assaisonnements. Mélanger et poursuivre la cuisson 10 minutes.

5 Remettre les demi-poitrines de poulet dans la poêle. Faire cuire 2 à 3 minutes, à feu doux.

6 Retirer le poulet et garder au chaud sur un plat de service.

7 À feu vif, ajouter le bouillon à la poêle et faire cuire 4 minutes.

8 Diluer la fécule de maïs dans l'eau froide ; incorporer à la sauce. Poursuivre la cuisson 1 minute, puis napper le poulet de sauce. Servir avec des pommes de terre, si désiré.

Poitrines de poulet aux légumes variés
(4 portions)

2	poitrines de poulet entières et désossées	2
45 ml	beurre	3 c. à s.
2	échalotes sèches, épluchées et tranchées	2
1	concombre, pelé, épépiné, coupé en tranches de 1 cm (½ po) d'épaisseur	1
125 ml	châtaignes d'eau tranchées	½ tasse
45 ml	xérès	3 c. à s.
500 ml	bouillon de poulet, chaud	2 tasses
30 ml	fenouil frais haché	2 c. à s.
15 ml	fécule de maïs	1 c. à s.
45 ml	eau froide	3 c. à s.
	sel et poivre	

1 Enlever la peau des poitrines de poulet et les couper en deux. Bien assaisonner. Faire chauffer le beurre dans une poêle, à feu moyen. Ajouter le poulet et faire cuire 4 à 5 minutes de chaque côté. Si nécessaire, modifier le temps de cuisson selon la grosseur des morceaux.

2 Lorsque le poulet est cuit, le retirer de la poêle et réserver.

3 Ajouter les échalotes sèches, le concombre et les châtaignes d'eau à la poêle chaude. Faire cuire 2 minutes. Augmenter le feu à vif et ajouter le xérès ; faire cuire 1 minute.

4 Ajouter le bouillon de poulet et le fenouil ; bien assaisonner. Poursuivre la cuisson 2 minutes.

5 Diluer la fécule de maïs dans l'eau froide. Incorporer à la sauce et faire cuire 1 minute, à feu doux.

6 Remettre le poulet dans la poêle et laisser mijoter 3 minutes avant de servir. Accompagner de pommes de terre et de haricots verts, si désiré.

Poulet sauté à la sauce au vin et champignons

(4 portions)

1,5 kg	poulet lavé et coupé en 6 morceaux	3 lb
15 ml	huile d'olive	1 c. à s.
30 ml	beurre	2 c. à s.
12	échalotes sèches, épluchées	12
250 g	champignons frais, nettoyés et coupés en deux	½ lb
15 ml	persil frais haché	1 c. à s.
15 ml	basilic frais haché	1 c. à s.
30 ml	farine	2 c. à s.
250 ml	vin blanc sec	1 tasse
125 ml	bouillon de poulet, chaud	½ tasse
	sel et poivre	

1 Enlever la peau des morceaux de poulet et bien les assaisonner. Faire chauffer l'huile et le beurre dans une poêle, à feu moyen. Ajouter le poulet et les échalotes sèches. Faire cuire 18 minutes, à feu doux, en retournant les morceaux 2 à 3 fois pendant la cuisson.

2 Retirer les demi-poitrines de poulet de la poêle et réserver.

3 Ajouter les champignons et les assaisonnements au reste du poulet, dans la poêle. Faire cuire 4 minutes, à feu moyen.

4 Saupoudrer de farine et bien mélanger. Mouiller avec le vin et le bouillon de poulet ; bien mélanger. Faire cuire 6 minutes, à feu doux.

5 Remettre les demi-poitrines de poulet dans la poêle et laisser mijoter 3 à 4 minutes, à feu doux, avant de servir. Accompagner de pâtes et de courgettes, si désiré.

Poulet rôti, farci aux figues
(4 à 6 portions)

50 ml	beurre	¼ tasse
6	échalotes sèches, épluchées et coupées en quatre	6
½	branche de céleri, coupée en petits dés	½
12	figues fraîches, épluchées et hachées grossièrement	12
1	gousse d'ail, épluchée et tranchée	1
2 ml	marjolaine	½ c. à t.
250 ml	riz à longs grains	1 tasse
500 ml	bouillon de poulet, chaud	2 tasses
2 kg	poulet	4 lb
	sel et poivre	

Préchauffer le four à 220 °C (425 °F).

1 Faire chauffer 15 ml (1 c. à s.) de beurre dans une casserole, à feu moyen. Ajouter les échalotes, le céleri et les figues ; faire cuire 3 minutes.

2 Ajouter l'ail et la marjolaine. Mélanger et faire cuire 1 minute. Ajouter le riz et bien mélanger ; faire cuire 2 minutes.

3 Ajouter le bouillon de poulet, bien assaisonner et porter à ébullition. Couvrir et faire cuire 20 minutes, à feu très doux.

4 Laver le poulet et bien l'assécher. L'assaisonner à l'intérieur et à l'extérieur. Le remplir de farce aux figues et le trousser pour le faire rôtir.

5 Mettre le poulet dans une rôtissoire beurrée. Badigeonner la peau avec le reste du beurre. Faire cuire au four, 20 minutes.

6 Baisser la température du four à 180 °C (350 °F). Poursuivre la cuisson du poulet 1 ¼ heure, en arrosant toutes les 10 minutes. Si nécessaire, modifier le temps de cuisson selon la grosseur du poulet.

7 Servir avec une sauce, si désiré.

Poulet aux champignons à la sauce au porto
(4 portions)

2	poitrines de poulet entières et désossées	2
60 ml	beurre	4 c. à s.
500 g	champignons frais, nettoyés et coupés en trois	1 lb
2	échalotes sèches, épluchées et hachées	2
50 ml	porto	¼ tasse
300 ml	crème à 35 %	1 ¼ tasse
15 ml	basilic frais haché	1 c. à s.
	sel et poivre	

1 Enlever la peau des poitrines de poulet et couper la chair en lanières de 1 cm (½ po) de large. Faire chauffer la moitié du beurre dans une grande poêle, à feu moyen. Ajouter la moitié du poulet et bien assaisonner. Faire cuire 3 à 4 minutes, à feu vif, en retournant les morceaux 1 fois pendant la cuisson. Retirer le poulet et réserver.

2 Faire cuire le reste du poulet dans la poêle. Réserver avec le poulet déjà cuit.

3 Faire chauffer le reste du beurre dans la poêle. Y faire cuire les champignons et les échalotes sèches 6 minutes, à feu moyen ; bien assaisonner.

4 Ajouter le porto et poursuivre la cuisson 2 minutes. Incorporer la crème à 35 %, assaisonner et faire cuire 4 minutes.

5 Remettre le poulet dans la poêle, mélanger et parsemer de basilic. Laisser mijoter 2 minutes à feu doux, et servir. Accompagner de riz, de haricots verts et de courgettes jaunes tranchées, si désiré.

Enlever la peau des poitrines de poulet et couper la chair en lanières de 1 cm (½ po) de large.

Faire cuire le reste du poulet dans la poêle. Réserver avec le poulet déjà cuit.

Faire chauffer le reste du beurre dans la poêle. Y faire cuire les champignons et les échalotes sèches 6 minutes, à feu moyen ; bien assaisonner.

Remettre le poulet dans la poêle, mélanger et parsemer de basilic. Laisser mijoter 2 minutes à feu doux, et servir.

Poulet chasseur
(4 portions)

1,5 kg	poulet lavé et coupé en 6 morceaux	3 lb
30 ml	huile d'olive	2 c. à s.
3	gousses d'ail, épluchées et émincées	3
2	échalotes sèches, épluchées et hachées	2
250 g	champignons frais, nettoyés et coupés en deux	½ lb
125 ml	chianti	½ tasse
3	tomates, pelées, épépinées et hachées	3
1 ml	poudre de chili	¼ c. à t.
15 ml	basilic frais haché	1 c. à s.
	sel et poivre	

1 Enlever la peau des morceaux de poulet et bien les assaisonner. Faire chauffer l'huile dans une poêle, à feu moyen. Ajouter le poulet. Faire cuire 18 minutes, à feu doux, en retournant les morceaux 2 à 3 fois pendant la cuisson.

2 Retirer les demi-poitrines de poulet de la poêle et réserver.

3 Ajouter l'ail, les échalotes sèches et les champignons au reste du poulet dans la poêle ; bien assaisonner. Faire cuire 10 minutes, à feu doux.

4 Retirer le reste des morceaux de poulet de la poêle et réserver.

5 Augmenter le feu à vif sous la poêle. Verser le chianti dans la poêle et faire cuire 2 minutes. Ajouter les tomates, la poudre de chili et le basilic ; faire cuire 6 minutes, à feu moyen.

6 Remettre les morceaux de poulet dans la poêle et laisser mijoter 3 minutes avant de servir. Accompagner de pâtes et de brocoli, si désiré.

Poulet au concombre
(4 portions)

1,5 kg	poulet, lavé et coupé en 6 morceaux	3 lb
30 ml	huile d'olive	2 c. à s.
15 ml	beurre	1 c. à s.
2	échalotes sèches, épluchées et hachées	2
1	gros concombre, pelé, épépiné et coupé en dés	1
30 ml	farine	2 c. à s.
250 ml	vin blanc sec	1 tasse
250 ml	bouillon de poulet, chaud	1 tasse
15 ml	persil frais haché	1 c. à s.
	sel et poivre	
	quelques gouttes de jus de citron	

1 Enlever la peau des morceaux de poulet et bien les assaisonner. Faire chauffer l'huile et le beurre dans une poêle, à feu moyen. Ajouter le poulet. Faire cuire 18 minutes, à feu doux, en retournant les morceaux 2 à 3 fois pendant la cuisson.

2 Retirer les demi-poitrines de poulet et réserver.

3 Ajouter les échalotes sèches et le concombre au reste du poulet dans la poêle ; faire cuire 1 minute.

Saupoudrer de farine et bien mélanger. Mouiller avec le vin et le bouillon de poulet ; mélanger de nouveau. Faire cuire 8 minutes, à feu doux.

4 Remettre les demi-poitrines de poulet dans la poêle et poursuivre la cuisson 3 minutes. Parsemer de persil et arroser de quelques gouttes de jus de citron. Servir avec du riz et des aubergines, si désiré.

Poulet aux poivrons et aux tomates
(4 portions)

1,5 kg	poulet lavé et coupé en 6 morceaux	3 lb
45 ml	huile d'olive	3 c. à s.
1	petit oignon, épluché et haché	1
2	gousses d'ail, épluchées, écrasées et hachées	2
1	piment fort, épépiné et haché	1
1	poivron vert, tranché	1
1/2	poivron jaune, tranché	1/2
125 ml	vin blanc sec	1/2 tasse
2	tomates, pelées, épépinées et hachées grossièrement	2
15 ml	basilic frais haché	1 c. à s.
	sel et poivre	

1 Enlever la peau des morceaux de poulet et bien les assaisonner. Faire chauffer l'huile dans une poêle, à feu moyen. Ajouter le poulet. Faire cuire 18 minutes, à feu doux, en retournant les morceaux 2 à 3 fois pendant la cuisson.

2 Retirer les demi-poitrines de poulet de la poêle et réserver.

3 Ajouter l'oignon, l'ail, le piment et les poivrons au reste du poulet dans la poêle. Faire cuire 3 minutes, à feu doux. Mouiller avec le vin et faire cuire 1 minute.

4 Ajouter les tomates et le basilic; bien assaisonner. Faire cuire 6 minutes, à feu doux.

5 Remettre les demi-poitrines de poulet dans la poêle et poursuivre la cuisson 3 à 4 minutes. Servir avec des pommes de terre sautées, si désiré.

Poulet au madère
(4 portions)

1,5 kg	poulet lavé et coupé en 6 morceaux	3 lb
30 ml	huile d'olive	2 c. à s.
12	échalotes sèches, épluchées	12
24	pommes de terre parisiennes, cuites 6 minutes	24
2	gousses d'ail, épluchées, écrasées et hachées	2
4	fonds d'artichaut, coupés en deux	4
50 ml	madère	¼ tasse
15 ml	persil frais haché	1 c. à s.
	sel et poivre	

1 Enlever la peau des morceaux de poulet et bien les assaisonner. Faire chauffer l'huile dans une poêle, à feu moyen. Ajouter le poulet. Faire cuire 10 minutes, à feu doux, en retournant les morceaux 1 à 2 fois pendant la cuisson.

2 Ajouter les échalotes sèches et poursuivre la cuisson 8 minutes.

3 Retirer les demi-poitrines de poulet de la poêle et réserver.

4 Ajouter les pommes de terre parisiennes, l'ail et les fonds d'arti-chaut au reste du poulet dans la poêle ; bien assaisonner. Poursuivre la cuisson 8 minutes, à feu doux.

5 Remettre les demi-poitrines de poulet dans la poêle. Verser le madère et faire cuire 4 minutes. Parsemer le poulet de persil. Servir avec des asperges, si désiré.

Fricassée de poulet
(4 portions)

90 ml	huile d'olive	6 c. à s.
4	tranches de baguette de 1 cm (½ po) d'épaisseur, coupées en gros dés	4
3	gousses d'ail, épluchées, écrasées et hachées	3
1,5 kg	poulet lavé et coupé en 8 morceaux	3 lb
15 ml	beurre	1 c. à s.
24	petits oignons blancs, épluchés	24
250 g	têtes de champignon frais, nettoyées	½ lb
125 ml	vin blanc sec	½ tasse
250 ml	bouillon de poulet, chaud	1 tasse
15 ml	fécule de maïs	1 c. à s.
45 ml	eau froide	3 c. à s.
15 ml	persil italien haché	1 c. à s.

1 Faire chauffer 60 ml (4 c. à s.) d'huile dans une poêle, à feu vif. Y faire dorer le pain 2 minutes. Ajouter l'ail ; poursuivre la cuisson 1 à 2 minutes, à feu moyen, en remuant souvent. Égoutter les croûtons sur du papier absorbant.

2 Enlever la peau du poulet et bien assaisonner. Faire chauffer le beurre et 30 ml (2 c. à s.) d'huile d'olive dans une poêle, à feu moyen. Ajouter le poulet ; faire cuire 14 minutes, à feu doux ; retourner 2 à 3 fois pendant la cuisson. Retirer les morceaux de poitrine et réserver.

3 Mettre les oignons et les champignons dans la poêle ; saler et poivrer. Faire cuire 10 minutes, à feu doux.

4 Ajouter le poulet réservé ; laisser mijoter 4 minutes. Disposer dans un plat de service ; garder au chaud.

5 Ajouter le vin à la sauce dans la poêle. À feu vif, faire cuire 2 minutes. Mouiller avec le bouillon et faire cuire 3 minutes.

6 Diluer la fécule de maïs dans l'eau froide ; incorporer à la sauce ; faire cuire 1 minute. En napper le poulet et les légumes ; parsemer de persil et de croûtons. Accompagner de pâtes, si désiré.

Faire chauffer 60 ml (4 c. à s.) d'huile dans une poêle, à feu vif. Ajouter les dés de pain et faire cuire 2 minutes, jusqu'à ce qu'ils soient dorés sur toutes les faces. Ajouter l'ail ; poursuivre la cuisson 1 à 2 minutes, à feu moyen, en remuant souvent.

Faire chauffer le beurre et 30 ml (2 c. à s.) d'huile d'olive dans une poêle, à feu moyen. Ajouter le poulet ; faire cuire 14 minutes, à feu doux, en retournant les morceaux 2 à 3 fois pendant la cuisson.

Ajouter les petits oignons blancs et les têtes de champignon au reste du poulet dans la poêle ; bien assaisonner. Poursuivre la cuisson 10 minutes, à feu doux.

Diluer la fécule de maïs dans l'eau froide ; incorporer à la sauce dans la poêle. Faire cuire 1 minute.

Poulet sauce à la crème et à l'estragon

(4 portions)

1,5 kg	poulet lavé et coupé en 6 morceaux	3 lb
45 ml	beurre	3 c. à s.
350 g	champignons frais, nettoyés et coupés en tranches épaisses	¾ lb
50 ml	estragon frais, haché grossièrement	¼ tasse
250 ml	vin blanc sec	1 tasse
250 ml	crème à 35 %	1 tasse
	sel et poivre	
	poivre de Cayenne au goût	

1 Enlever la peau des morceaux de poulet et bien les assaisonner de sel, de poivre et de poivre de Cayenne. Faire chauffer le beurre dans une poêle, à feu moyen. Faire cuire le poulet 18 minutes à feu doux, en retournant les morceaux 2 à 3 fois pendant la cuisson.

2 Enlever les demi-poitrines de poulet de la poêle et réserver dans le four chaud.

3 Ajouter les champignons et l'estragon au reste du poulet dans la poêle. Bien mélanger et faire cuire 10 minutes, à feu doux.

4 Remettre les demi-poitrines de poulet dans la poêle. Laisser mijoter 3 minutes.

5 Retirer tout le poulet de la poêle et réserver dans le four chaud.

6 Augmenter le feu à vif, sous la poêle, y verser le vin et faire cuire 3 à 4 minutes. Ajouter la crème, bien assaisonner et poursuivre la cuisson 6 minutes.

7 Napper le poulet de sauce. Accompagner de riz, de courgettes en julienne et d'épis de maïs miniatures, si désiré.

Poulet à la texane
(4 portions)

1,5 kg	poulet lavé et coupé en 6 morceaux	3 lb
30 ml	huile végétale	2 c. à s.
250 ml	sauce chili	1 tasse
50 ml	oignon haché	¼ tasse
2	gousses d'ail, épluchées et tranchées	2
15 ml	vinaigre de vin	1 c. à s.
1 ml	piments forts écrasés	¼ c. à t.
1 ml	poudre de chili	¼ c. à t.
2 ml	origan moulu	½ c. à t.
15 ml	sauce Worcestershire	1 c. à s.
	sel et poivre	

Préchauffer le four à 180 °C (350 °F).

1 Enlever la peau des morceaux de poulet et bien les assaisonner. Faire chauffer l'huile dans une poêle allant au four, à feu moyen. Ajouter le poulet et faire brunir 4 minutes de chaque côté. S'il reste trop de graisse dans la poêle, en jeter un peu.

2 Mélanger tous les autres ingrédients dans une casserole. Faire cuire jusqu'à ce que le mélange soit chaud.

3 Verser la sauce sur le poulet et bien assaisonner. Couvrir et faire cuire 15 minutes au four.

4 Retirer les demi-poitrines de poulet et réserver.

5 Poursuivre la cuisson du reste du poulet 16 à 18 minutes. Si nécessaire, modifier le temps de cuisson selon la grosseur des morceaux.

6 Quatre minutes avant la fin de la cuisson, remettre les demi-poitrines de poulet dans la poêle. Terminer la cuisson à découvert. Servir avec des frites et du maïs, si désiré.

Poulet en sauce au vin rouge

(4 portions)

1,5 kg	poulet lavé et coupé en 6 morceaux	3 lb
45 ml	huile d'olive	3 c. à s.
3	échalotes sèches, épluchées et hachées	3
2	gousses d'ail, épluchées, écrasées et hachées	2
250 g	champignons frais, nettoyés et coupés en deux	½ lb
375 ml	vin rouge sec	1 ½ tasse
30 ml	beurre	2 c. à s.
15 ml	farine	1 c. à s.
	sel et poivre	

1 Enlever la peau des morceaux de poulet et bien les assaisonner. Faire chauffer l'huile dans une poêle, à feu moyen. Ajouter le poulet. Faire cuire 18 minutes à feu doux, en retournant les morceaux 2 à 3 fois pendant la cuisson.

2 Retirer les demi-poitrines de poulet de la poêle et garder au chaud.

3 Ajouter les échalotes sèches, l'ail et les champignons au reste du poulet dans la poêle ; bien assaisonner. Mélanger et faire cuire 10 minutes, à feu moyen.

4 Retirer le reste des morceaux de poulet de la poêle et garder au chaud.

5 Augmenter le feu à vif sous la poêle et y verser le vin. Faire cuire 3 minutes.

6 Mélanger le beurre et la farine pour obtenir une pâte lisse. Ajouter à la sauce en fouettant bien pour l'incorporer. Remettre les morceaux de poulet dans la sauce et laisser mijoter 4 minutes, à feu doux. Servir avec des courgettes et des pommes de terre, si désiré.

Poulet en casserole
(4 portions)

1,5 kg	poulet lavé et coupé en 6 morceaux	3 lb
30 ml	huile d'olive	2 c. à s.
8	échalotes sèches, épluchées et hachées	8
2	gousses d'ail, épluchées, écrasées et hachées	2
1	brin de romarin frais	1
1	brin de sauge fraîche	1
2	brins de persil frais	2
1	feuille de laurier	1
3	grosses tomates, pelées, épépinées et grossièrement hachées	3
15 ml	jus de lime	1 c. à s.
	sel et poivre	
	persil frais haché	

Préchauffer le four à 180 °C (350 °F).

1 Enlever la peau du poulet et bien assaisonner. Faire chauffer l'huile dans une poêle allant au four, à feu moyen. Y faire brunir le poulet 3 minutes de chaque côté.

2 Ajouter les échalotes et l'ail ; faire cuire 1 minute.

3 Nouer ensemble les fines herbes et le laurier. Ajouter à la poêle avec les tomates. Bien assaisonner, couvrir et faire cuire au four, 16 minutes.

4 Retirer les demi-poitrines de la poêle et réserver au chaud.

5 Poursuivre la cuisson du reste du poulet au four, environ 16 à 18 minutes. Huit minutes avant la fin de la cuisson, incorporer le jus de lime.

6 Remettre les demi-poitrines de poulet dans la poêle ; laisser mijoter 2 minutes à feu doux.

7 Disposer les morceaux de poulet dans un plat de service chaud ; garder au chaud.

8 Retirer les fines herbes et les jeter. Faire cuire le mélange dans la poêle 3 minutes, à feu vif. Verser sur le poulet et parsemer de persil. Servir avec des pâtes et des légumes, si désiré.

Poulet aux poivrons rôtis
(4 portions)

1	poivron rouge	1
1	poivron vert	1
1	poivron jaune	1
2	piments forts	2
45 ml	huile d'olive	3 c. à s.
1,5 kg	poulet lavé et coupé en 8 morceaux	3 lb
2	gousses d'ail, épluchées et tranchées	2
45 ml	jus de lime	3 c. à s.
	sel et poivre	

1 Couper les poivrons et les piments forts en deux et les épépiner. Badigeonner la peau d'huile et placer sur une plaque à biscuits, le côté coupé vers le bas ; faire griller 6 minutes au four. Retirer les piments forts du four et laisser refroidir. Continuer à faire griller les poivrons 6 à 8 minutes, en les retournant une fois. Les peler, les couper en cubes et réserver.

2 Préchauffer le four à 180 °C (350 °F).

3 Enlever la peau des morceaux de poulet et bien les assaisonner. Faire chauffer le reste de l'huile dans une poêle allant au four, à feu moyen. Ajouter le poulet et faire cuire 4 minutes de chaque côté.

4 Ajouter l'ail et mélanger. Couvrir et faire cuire 15 minutes au four.

5 Retirer les demi-poitrines de poulet de la poêle et garder au chaud.

6 Ajouter les poivrons rôtis et poursuivre la cuisson du reste du poulet 12 minutes. Si nécessaire, modifier le temps de cuisson selon la grosseur des morceaux.

7 Remettre les demi-poitrines de poulet dans la poêle et incorporer le jus de lime. Poursuivre la cuisson 3 minutes et servir sur du riz.

Brochettes de poulet grillées
(4 portions)

2	poitrines de poulet entières et désossées	2
50 ml	saké	¼ tasse
45 ml	sauce soya	3 c. à s.
5 ml	huile de sésame	1 c. à t.
2	gousses d'ail, épluchées et tranchées	2
2 ml	piments forts écrasés	½ c. à t.
2 ml	graines de coriandre	½ c. à t.
5 ml	cumin	1 c. à t.
15 ml	miel	1 c. à s.
5 ml	graines de sésame	1 c. à t.
	jus de 1 citron	
	poivre fraîchement moulu	

1 Enlever la peau des poitrines de poulet et couper la chair en morceaux de 2,5 cm (1 po). Mettre dans un bol.

2 Mélanger le reste des ingrédients, sauf les graines de sésame, et verser le mélange sur le poulet.

3 Bien mélanger, couvrir et réfrigérer 1 heure.

4 Enfiler les morceaux de poulet sur des brochettes de métal. Faire griller au four, 6 à 8 minutes. Si nécessaire, modifier le temps de cuisson selon la grosseur des morceaux. Badigeonner de marinade et tourner les brochettes pendant la cuisson.

5 Parsemer de graines de sésame et servir sur du riz. Accompagner de pois mange-tout, de poivrons jaunes et de champignons, si désiré.

Poulet bourguignon
(4 portions)

2 kg	poulet lavé et coupé en 6 morceaux	4 lb
5 ml	huile d'olive	1 c. à t.
125 g	bacon, coupé en gros morceaux	¼ lb
24	petits oignons blancs, épluchés	24
3	gousses d'ail, épluchées, écrasées et hachées	3
250 g	têtes de champignon frais, nettoyées	½ lb
750 ml	vin rouge corsé	3 tasses
3	brins de persil	3
1	brin de thym	1
2	feuilles de laurier	2
30 ml	farine	2 c. à s.
45 ml	beurre	3 c. à s.
1	pincée de sucre	1

Préchauffer le four à 180 °C (350 °F).

1 Enlever la peau du poulet et bien assaisonner. Faire chauffer l'huile dans une casserole allant au four. Y faire cuire le bacon 4 minutes, à feu doux. Ajouter les oignons ; faire cuire 4 minutes.

2 Égoutter le bacon et les oignons ; réserver. Ajouter le poulet ; faire brunir 4 minutes de chaque côté, à feu doux.

3 Remettre le bacon et les oignons dans la casserole. Ajouter l'ail et les champignons, mélanger et faire cuire 1 minute.

4 Ajouter le vin et le sucre. Nouer ensemble les fines herbes et le laurier ; mettre dans la casserole ; saler et poivrer. Couvrir et faire cuire au four, 40 à 45 minutes.

5 Retirer le poulet cuit, les oignons et les champignons ; réserver. Jeter les fines herbes.

6 Déposer la casserole sur la cuisinière, à feu vif. Faire une pâte avec la farine et le beurre, et incorporer à la sauce en fouettant vivement. Faire cuire 2 minutes.

7 Ajouter le poulet, les oignons et les champignons. Laisser mijoter 3 minutes, à feu doux. Servir sur des nouilles.

Escalopes de poulet
(4 portions)

2	poitrines de poulet entières et désossées	2
125 ml	parmesan râpé	½ tasse
2	œufs, battus	2
375 ml	chapelure	1 ½ tasse
50 ml	huile végétale	¼ tasse
4	rondelles de citron, décorées de filets d'anchois	4
	sel et poivre	

1 Enlever la peau des poitrines de poulet, les couper en deux et les dégraisser. À l'aide d'un maillet de bois, les aplatir entre deux feuilles de papier ciré jusqu'à une épaisseur d'environ 5 mm (¼ po).

2 Bien assaisonner les morceaux de poulet et les enrober de parmesan. Les tremper dans les œufs battus, puis bien les enrober de chapelure.

3 Faire chauffer l'huile dans une grande poêle, à feu moyen. Ajouter les morceaux de poulet et les faire cuire 3 à 4 minutes de chaque côté ou jusqu'à ce qu'ils soient bien cuits.

4 Décorer de rondelles de citron et accompagner d'une sauce tomate, si désiré.

Poulet en cocotte

(4 portions)

125 g	bacon, en morceaux	¼ lb
24	petits oignons blancs, épluchés	24
1,5 kg	poulet lavé et troussé	3 lb
8	petites pommes de terre nouvelles, pelées	8
2	grosses carottes, pelées et coupées en morceaux de 2,5 cm (1 po)	2
375 ml	bouillon de poulet, chaud	1 ½ tasse
2	brins de persil	2
1	brin de thym	1
15 ml	beurre	1 c. à s.
4	fonds d'artichaut, coupés en deux	4
15 ml	fécule de maïs	1 c. à s.
45 ml	eau froide	3 c. à s.
	sel et poivre	

Préchauffer le four à 160 °C (325 °F).

1 Mettre le bacon dans une cocotte. Faire cuire 3 minutes, à feu moyen. Ajouter les oignons et baisser le feu à doux ; faire cuire 3 minutes. Retirer le bacon et les oignons ; réserver.

2 Ajouter le poulet. Faire cuire 16 minutes, à feu doux, en le faisant dorer sur toutes les faces.

3 Ajouter les pommes de terre et les carottes ; bien assaisonner. Poursuivre la cuisson 15 minutes. Mouiller avec le bouillon ; ajouter les fines herbes, le bacon et les oignons. Couvrir et poursuivre la cuisson au four, 35 à 50 minutes.

4 Environ 8 minutes avant la fin de la cuisson, faire chauffer le beurre dans une poêle, à feu moyen. Y faire revenir les fonds d'artichaut cuits, 2 minutes. Ajouter au poulet.

5 Disposer le poulet cuit et les légumes dans un plat chaud.

6 Déposer la cocotte sur la cuisinière, à feu moyen. Diluer la fécule de maïs dans l'eau froide et l'incorporer à la sauce. Faire cuire 1 minute et servir le poulet avec la sauce.

Mettre le bacon dans une cocotte. Faire cuire 3 minutes, à feu moyen. Ajouter les petits oignons blancs et baisser le feu à doux ; faire cuire 3 minutes.

Ajouter les pommes de terre et les carottes ; bien assaisonner. Poursuivre la cuisson 15 minutes.

Mouiller avec le bouillon de poulet, ajouter les fines herbes ainsi que le bacon et les petits oignons blancs réservés.

Ajouter les fonds d'artichaut cuits au poulet.

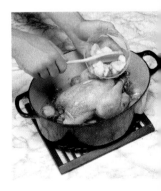

Poulet à la purée d'anchois et d'ail

(4 portions)

12	filets d'anchois, rincés et égouttés	12
6	gousses d'ail, blanchies et en purée	6
50 ml	vinaigre de vin blanc	¼ tasse
50 ml	vin blanc sec	¼ tasse
15 ml	basilic frais haché	1 c. à s.
2	poitrines de poulet entières et désossées	2
60 ml	huile d'olive	4 c. à s.
	poivre fraîchement moulu	

1 Au mortier, réduire en purée les filets d'anchois et l'ail. Incorporer le vinaigre, le vin et le basilic pour obtenir une pâte. Réserver.

2 Enlever la peau des poitrines de poulet et couper la chair en morceaux de 2,5 cm (1 po). Faire chauffer 45 ml (3 c. à s.) d'huile dans une poêle, à feu vif. Ajouter la moitié des morceaux de poulet, poivrer et faire saisir 2 à 3 minutes, à feu vif. Retirer le poulet de la poêle.

3 Faire cuire le reste du poulet. Réserver avec les premiers morceaux.

4 Verser le reste de l'huile dans la poêle chaude. Incorporer la purée d'anchois et faire cuire 30 secondes.

5 Remettre le poulet dans la poêle et bien mélanger. Faire cuire 1 minute et servir sur un lit de riz. Accompagner de concombres, si désiré.

Poitrines de poulet aux raisins verts

(4 portions)

2	poitrines de poulet entières et désossées	2
45 ml	beurre	3 c. à s.
2	échalotes sèches, épluchées et tranchées	2
15 ml	miel	1 c. à s.
250 ml	vin blanc sec	1 tasse
5 ml	estragon	1 c. à t.
300 ml	raisins verts, sans pépins	1 ¼ tasse
125 ml	crème à 35 %	½ tasse
	sel et poivre	
	persil frais haché	

1 Enlever la peau des poitrines de poulet et les couper en deux. Faire chauffer le beurre dans une poêle, à feu moyen. Ajouter le poulet, assaisonner et faire cuire 2 minutes de chaque côté.

2 Ajouter les échalotes sèches et le miel. Faire cuire 8 à 10 minutes, à feu doux. Retirer le poulet et garder au chaud.

3 Ajouter le vin et l'estragon à la poêle chaude. Faire cuire 2 minutes à feu vif. Incorporer les raisins verts et la crème ; bien assaisonner. Faire cuire 3 minutes à feu moyen.

4 Remettre les morceaux de poulet dans la sauce et laisser mijoter 1 minute. Parsemer de persil haché et servir. Accompagner de pommes de terre, si désiré.

Poulet bouilli au riz
(4 portions)

3	carottes, pelées	3
2	branches de céleri	2
2	feuilles de laurier	2
3	brins de persil	3
1	brin de thym	1
2	brins de basilic	2
2 kg	poulet lavé et troussé	4 lb
2,5 litres	eau	10 tasses
2	oignons, épluchés et piqués de clous de girofle	2
375 ml	riz à longs grains	1 ½ tasse
	sel et poivre	

1 Nouer ensemble les carottes, le céleri, les feuilles de laurier et les fines herbes.

2 Mettre le poulet et l'eau dans une grande casserole. Porter à ébullition et faire cuire, à feu moyen, 10 minutes, en écumant la surface de l'eau.

3 Ajouter les légumes et les fines herbes ; bien assaisonner. Faire cuire 1 ½ heure, partiellement couvert, à feu doux. La clé de cette recette est la cuisson lente du poulet. L'eau devrait frémir à peine. Après 1 heure de cuisson, ajouter le riz.

4 Servir le poulet avec le riz.

Casserole de poulet au macaroni
(4 à 6 portions)

4	grosses cuisses de poulet	4
75 ml	beurre	5 c. à s.
½	branche de céleri, coupée en dés	½
2	gousses d'ail, épluchées et tranchées	2
2	échalotes sèches, épluchées et hachées	2
1	feuille de laurier	1
1 ml	thym	¼ c. à t.
500 ml	bouillon de poulet, chaud	2 tasses
60 ml	farine	4 c. à s.
500 ml	macaroni cuit	2 tasses
375 ml	gruyère râpé	1 ½ tasse
	sel et poivre	

Préchauffer le four à 190 °C (375 °F).

1 Couper les cuisses de poulet à l'articulation. Enlever la peau, désosser et couper en morceaux de 2,5 cm (1 po).

2 Faire chauffer 15 ml (1 c. à s.) de beurre dans une poêle, à feu moyen. Ajouter le poulet, le céleri, l'ail et les échalotes sèches ; bien assaisonner. Faire cuire 3 minutes.

3 Ajouter le laurier, le thym et le bouillon. Couvrir et faire cuire 8 à 10 minutes, à feu doux. Retirer le poulet bien cuit de la poêle. Réserver le liquide de cuisson et jeter les légumes.

4 Faire chauffer le reste du beurre dans une casserole, à feu moyen. Y remuer la farine et faire cuire 1 minute.

5 Bien incorporer le liquide réservé au fouet. Rectifier l'assaisonnement et faire cuire 5 minutes, à feu doux, en remuant de temps à autre.

6 Étaler une couche de macaroni dans un plat beurré allant au four. Superposer des couches de poulet, de sauce et de fromage, en terminant par une couche de fromage.

7 Faire cuire au four, 12 minutes, et servir avec du pain croûté.

Poulet paysan
(4 portions)

1,5 kg	poulet lavé et coupé en 6 morceaux	3 lb
45 ml	beurre	3 c. à s.
2	blancs de poireaux	2
4	fonds d'artichaut, coupés en trois	4
125 ml	vin blanc sec	½ tasse
250 ml	crème à 35 %	1 tasse
15 ml	persil frais haché	1 c. à s.
	sel et poivre	
	poivre de Cayenne, au goût	

1 Enlever la peau des morceaux de poulet et bien les assaisonner de sel, de poivre et de poivre de Cayenne. Faire chauffer le beurre dans une poêle, à feu moyen. Ajouter les morceaux de poulet. Faire cuire 8 minutes à feu doux, en retournant les morceaux 1 fois pendant la cuisson.

2 Entre-temps, parer les poireaux pour la cuisson. Les fendre en quatre dans le sens de la longueur, jusqu'à 2,5 cm (1 po) de la base. Bien les laver sous le robinet, à l'eau froide. Les égoutter et les trancher.

3 Ajouter les poireaux à la poêle et faire cuire 10 minutes à feu doux. Retourner les morceaux de poulet 1 fois.

4 Retirer les demi-poitrines de poulet de la poêle et réserver.

5 Ajouter les fonds d'artichaut et le vin au reste du poulet, dans la poêle ; faire cuire 4 minutes. Ajouter la crème et bien assaisonner. Faire cuire 6 minutes, à feu doux.

6 Remettre les demi-poitrines de poulet dans la poêle et laisser mijoter 3 minutes. Parsemer de persil et servir. Accompagner de riz, si désiré.

Poulet au marsala
(4 portions)

4	cuisses de poulet	4
15 ml	beurre	1 c. à s.
30 ml	huile d'olive	2 c. à s.
2	blancs de poireaux, lavés et hachés	2
125 ml	vin de marsala	½ tasse
375 ml	bouillon de poulet, chaud	1½ tasse
1 ml	thym	¼ c. à t.
250 g	têtes de champignon frais, nettoyées	½ lb
15 ml	fécule de maïs	1 c. à s.
45 ml	eau froide	3 c. à s.
1	pincée de sauge	1
	sel et poivre	

1 Couper les cuisses de poulet à l'articulation, entre le pilon et le haut de la cuisse. Enlever la peau.

2 Faire chauffer le beurre et la moitié de l'huile dans une poêle, à feu moyen. Ajouter le poulet et faire cuire 6 minutes de chaque côté.

3 Ajouter les poireaux et poursuivre la cuisson 4 minutes. Arroser de vin et faire cuire 2 minutes.

4 Ajouter le bouillon de poulet et les assaisonnements. Couvrir et faire cuire 20 minutes, à feu doux, en remuant une fois pendant la cuisson.

5 Faire chauffer le reste de l'huile dans une poêle, à feu vif. Y faire cuire les têtes de champignon 5 minutes.

6 Ajouter les têtes de champignon au poulet dans la poêle. Faire cuire 4 minutes, puis retirer le poulet et réserver.

7 Diluer la fécule de maïs dans l'eau froide et l'incorporer à la sauce. Faire cuire 1 minute. Remettre le poulet dans la poêle et laisser mijoter 1 minute. Servir accompagné de pâtes et de pois mange-tout, si désiré.

Poulet rôti, en morceaux
(4 portions)

1,5 kg	poulet lavé et coupé en 6 morceaux	3 lb
45 ml	beurre fondu	3 c. à s.
	assaisonnement (voir p. 94)	
	sel et poivre	

Préchauffer le four à 200 °C (400 °F). Préchauffer la rôtissoire.

1 Enlever la peau des morceaux de poulet et entailler la chair.

2 Mélanger les ingrédients de l'assaisonnement avec le beurre fondu. Faire pénétrer ce mélange dans les entailles du poulet et réfrigérer 1 heure.

3 Bien saler et poivrer le poulet. Le déposer directement sur la grille de la rôtissoire préchauffée et faire cuire au four, 18 minutes.

4 Retirer les demi-poitrines de poulet et réserver ; garder au chaud.

5 Baisser la température du four à 180 °C (350 °F). Poursuivre la cuisson du reste du poulet 15 à 20 minutes. Ajuster le temps de cuisson selon la grosseur des morceaux.

6 Réchauffer rapidement les demi-poitrines de poulet. Servir les morceaux de poulet avec une salade verte.

Poulet à la diable
(4 portions)

2	poulets de 1,2 kg (2½ lb) chacun, lavés	2
1 ml	origan en poudre	¼ c. à t.
1 ml	poudre de chili	¼ c. à t.
1 ml	sauge en poudre	¼ c. à t.
50 ml	beurre fondu	¼ tasse
125 ml	chapelure	½ tasse
1	pincée de poivre de Cayenne	1
	sel	

Préchauffer le four à 180 °C (350 °F).

1 Couper le poulet en deux. Pratiquer une incision dans la chair de la cuisse pour y insérer le pilon. Entailler légèrement le tendon de l'aile pour éviter qu'elle ne se redresse pendant la cuisson.

2 Mélanger les assaisonnements. Badigeonner le poulet avec un peu de beurre fondu, puis l'enrober d'assaisonnements.

3 Mettre le four à gril. Disposer les morceaux de poulet dans une rôtissoire, le côté peau vers le haut. Enfourner à 15 cm (6 po) de l'élément supérieur. Faire cuire 15 minutes en arrosant souvent.

4 Retourner le poulet, le saler et poursuivre la cuisson 15 minutes, en arrosant souvent.

5 Remettre le four à 180 °C (350 °F) et poursuivre la cuisson environ 30 minutes ; retourner 2 fois pendant la cuisson. Arroser souvent.

6 Environ 6 minutes avant la fin de la cuisson, badigeonner le poulet avec le reste de beurre fondu et l'enrober de chapelure.

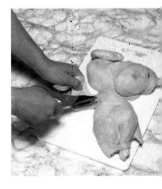

Poulet Beaulieu
(4 portions)

1,5 kg	poulet lavé et coupé en 6 morceaux	3 lb
45 ml	huile d'olive	3 c. à s.
125 ml	olives noires dénoyautées	½ tasse
4	fonds d'artichaut, coupés en trois	4
1	gousse d'ail, épluchée, écrasée et hachée	1
2	tomates, pelées, épépinées et grossièrement hachées	2
250 ml	vin blanc sec	1 tasse
	sel et poivre	
	jus de citron, au goût	

1 Enlever la peau des morceaux de poulet et bien les assaisonner. Faire chauffer l'huile dans une poêle, à feu moyen. Ajouter le poulet et faire cuire 18 minutes, à feu doux, en retournant les morceaux 2 à 3 fois pendant la cuisson.

2 Retirer les demi-poitrines de la poêle et réserver.

3 Ajouter les olives, les fonds d'artichaut et l'ail au reste du poulet, dans la poêle. Faire cuire 2 minutes. Incorporer les tomates et poursuivre la cuisson 8 minutes.

4 Remettre les demi-poitrines de poulet dans la poêle et faire mijoter 3 minutes. Bien assaisonner et retirer tous les morceaux de poulet ; garder au chaud.

5 Ajouter le vin à la sauce, dans la poêle. Faire cuire 3 minutes à feu vif. Ajouter du jus de citron, au goût, faire cuire 2 minutes et verser sur le poulet. Servir avec des pommes de terre et des haricots verts, si désiré.

Poulet en lanières, à la sauce Worcestershire
(4 portions)

2	poitrines de poulet entières et désossées	2
50 ml	huile d'olive	¼ tasse
5	oignons verts, coupés en morceaux de 2,5 cm (1 po)	5
4	échalotes sèches, épluchées et tranchées	4
24	tomates cerises, coupées en deux	24
2	poivrons rouges, émincés	2
3	gousses d'ail, épluchées et tranchées	3
30 ml	sauce Worcestershire	2 c. à s.
	sel et poivre	

1 Enlever la peau du poulet et découper la chair en lanières de 1 cm (½ po) de large. Faire chauffer la moitié de l'huile dans une grande poêle, à feu vif. Ajouter le poulet et bien assaisonner. Faire cuire 3 à 4 minutes, à feu vif, en retournant le poulet une fois pendant la cuisson.

2 Retirer le poulet de la poêle et réserver.

3 Faire chauffer le reste de l'huile dans la poêle. Ajouter les légumes et l'ail ; bien assaisonner. Faire cuire 3 minutes, à feu vif.

4 Remettre le poulet dans la poêle. Ajouter la sauce Worcestershire, mélanger et faire cuire 1 minute. Servir avec du riz, si désiré.

Poitrines de poulet à la parisienne
(4 portions)

2	poitrines de poulet entières et désossées	2
45 ml	beurre	3 c. à s.
2	échalotes sèches, épluchées et hachées	2
1	grosse carotte, pelée et émincée	1
250 g	champignons frais, nettoyés et coupés en dés	½ lb
2	gousses d'ail, épluchées et tranchées	2
125 ml	vin blanc sec	½ tasse
300 ml	bouillon de poulet, chaud	1¼ tasse
15 ml	fécule de maïs	1 c. à s.
45 ml	eau froide	3 c. à s.
	sel et poivre	

1 Enlever la peau des poitrines de poulet et les couper en deux. Saler et poivrer. Faire chauffer la moitié du beurre dans une poêle, à feu moyen. Ajouter le poulet et faire cuire 8 à 10 minutes. Ajuster le temps de cuisson selon la grosseur des morceaux. Retourner les demi-poitrines à la mi-cuisson.

2 Retirer le poulet de la poêle et garder au chaud.

3 Faire fondre le reste du beurre dans la poêle. Ajouter les échalotes sèches, la carotte et les champignons ; bien assaisonner. Ajouter l'ail et faire cuire 3 minutes, à feu vif.

4 Mouiller avec le vin et poursuivre la cuisson 2 minutes. Ajouter le bouillon de poulet, baisser le feu à doux et poursuivre la cuisson 3 minutes.

5 Diluer la fécule de maïs dans l'eau froide. Bien incorporer à la sauce. Remettre le poulet dans la poêle et laisser mijoter 3 minutes. Servir avec des pommes de terre, si désiré.

Pilons de poulet à la sauce aigre-douce
(4 portions)

12	pilons de poulet	12
45 ml	sauce soya	3 c. à s.
30 ml	sauce teriyaki	2 c. à s.
3	gousses d'ail, épluchées et tranchées	3
15 ml	gingembre frais, haché	1 c. à s.
1 ml	coriandre	¼ c. à t.
60 ml	miel	4 c. à s.
	sel et poivre	

1 Laisser la peau sur les pilons, assaisonner et mettre dans un bol.

2 Mettre le reste des ingrédients dans une petite casserole. Faire cuire 3 minutes, à feu moyen, puis verser sur le poulet. Mélanger et réfrigérer 1 heure.

3 Préchauffer le four à 180 °C (350 °F).

4 Ranger les pilons dans un plat allant au four. Faire cuire au four 40 à 45 minutes pour des pilons de grosseur moyenne. Ajuster le temps de cuisson selon la grosseur. Badigeonner de marinade pendant la cuisson.

5 À la fin de la cuisson, mettre le four à gril. Faire brunir les pilons quelques minutes et servir avec des légumes, au choix.

Poulet et crevettes sautés
(4 portions)

1,5 kg	poulet lavé et coupé en 6 morceaux	3 lb
30 ml	huile d'olive	2 c. à s.
6	gousses d'ail, épluchées	6
250 g	champignons frais, nettoyés et coupés en deux	½ lb
15 ml	estragon frais, haché	1 c. à s.
250 g	crevettes fraîches, décortiquées et déveinées	½ lb
125 ml	vin blanc sec	½ tasse
15 ml	basilic frais haché	1 c. à s.
	sel et poivre	

1 Enlever la peau des morceaux de poulet et bien les assaisonner. Faire chauffer l'huile dans une poêle, à feu moyen. Ajouter le poulet et l'ail. Faire cuire 18 minutes, à feu doux, en retournant les morceaux 2 à 3 fois pendant la cuisson.

2 Retirer les demi-poitrines de poulet de la poêle et réserver dans un four chaud.

3 Ajouter les champignons et l'estragon à la poêle. Poursuivre la cuisson 6 minutes.

4 Augmenter le feu à moyen. Ajouter les crevettes et faire cuire 4 minutes. Assaisonner et bien mélanger.

5 Mettre les crevettes et le reste du poulet avec les demi-poitrines de poulet ; garder dans un four chaud.

6 Augmenter le feu à vif sous la poêle. Verser le vin et faire cuire 3 minutes. Napper de sauce les crevettes et le poulet et les parsemer de basilic frais. Servir avec du riz, si désiré.

Poulet à la lyonnaise
(4 portions)

1,5 kg	poulet lavé et coupé en 6 morceaux	3 lb
45 ml	huile d'olive	3 c. à s.
3	oignons, épluchés et émincés	3
250 ml	bouillon de poulet, chaud	1 tasse
15 ml	persil frais haché	1 c. à s.
	sel et poivre	

1 Enlever la peau des morceaux de poulet et bien les assaisonner. Faire chauffer l'huile dans une poêle, à feu moyen. Ajouter le poulet. Faire cuire 10 minutes, à feu doux, en retournant les morceaux 1 fois pendant la cuisson.

2 Ajouter les oignons et retourner les morceaux de poulet. Poursuivre la cuisson 8 minutes, à feu doux.

3 Retirer les demi-poitrines de poulet de la poêle et garder dans un four chaud. Poursuivre la cuisson du reste du poulet et des oignons pendant 10 minutes.

4 Retirer les morceaux de poulet de la poêle et les réserver avec les demi-poitrines.

5 Poursuivre la cuisson des oignons encore 8 minutes ou jusqu'à ce qu'ils soient complètement cuits. Les oignons doivent être bien ramollis.

6 Mouiller avec le bouillon de poulet et faire cuire 2 minutes, à feu moyen. Parsemer de persil haché et verser sur le poulet. Accompagner de carottes, de pommes de terre et d'épinards, si désiré.

Poulet au cari et aux tomates

(4 portions)

1,5 kg	poulet lavé, coupé en 8 morceaux	3 lb
45 ml	huile d'olive	3 c. à s.
2	oignons, épluchés et hachés	2
2	gousses d'ail épluchées, écrasées et hachées	2
30 ml	cari	2 c. à s.
3	tomates, pelées, épépinées et hachées	3
	sel et poivre	

1 Enlever la peau des morceaux de poulet et bien les assaisonner. Faire chauffer l'huile dans une poêle, à feu moyen. Ajouter le poulet, les oignons et l'ail. Faire cuire 4 minutes, à feu doux. Ne pas laisser les oignons brûler.

2 Incorporer le cari. Poursuivre la cuisson 4 minutes. Ajouter les tomates, assaisonner et faire cuire encore 8 minutes, à feu doux.

3 Retirer les morceaux de poitrine de poulet de la poêle et réserver.

4 Poursuivre la cuisson du reste du poulet pendant 10 à 12 minutes, à feu doux.

5 Remettre les morceaux de poitrine de poulet dans la poêle, faire cuire 4 minutes. Servir sur du riz.

Cuisses de poulet à la choucroute

(4 portions)

4	cuisses de poulet	4
50 ml	beurre	¼ tasse
1	oignon, épluché et haché	1
2	gousses d'ail, épluchées	2
1 kg	choucroute fraîche	2 lb
1	grosse pomme, évidée, pelée et coupée en dés	1
250 ml	vin blanc sec	1 tasse
250 ml	bouillon de poulet, chaud	1 tasse
1	feuille de laurier	1
1	pincée de chacun des ingrédients suivants : thym, graines de carvi, baies de genièvre	1
	sel et poivre	

Préchauffer le four à 180 °C (350 °F).

1 Couper les cuisses de poulet à l'articulation, entre le pilon et le haut de la cuisse. Enlever la peau.

2 Faire chauffer la moitié du beurre dans une poêle, à feu moyen. Ajouter le poulet et bien assaisonner. Faire cuire 6 minutes de chaque côté. Retirer le poulet et réserver.

3 Faire chauffer le reste du beurre dans une casserole allant au four, à feu moyen. Ajouter l'oignon et l'ail ; faire cuire 3 minutes. Ajouter la choucroute et faire cuire 8 minutes.

4 Incorporer le reste des ingrédients et porter à ébullition. Couvrir et faire cuire 45 minutes au four.

5 Ajouter le poulet à la choucroute. Au besoin, ajouter du bouillon de poulet. Couvrir et terminer la cuisson au four, 45 minutes.

6 Servir le poulet sur un lit de choucroute. Accompagner de betteraves, si désiré.

Poulet en boulettes

(4 portions)

750 g	poulet haché	1 1/2 lb
3	gousses d'ail, blanchies et en purée	3
30 ml	chapelure	2 c. à s.
5 ml	cari	1 c. à t.
1	petit œuf, battu	1
45 ml	huile d'olive	3 c. à s.
2	poivrons, tranchés	2
4	tomates, pelées, épépinées et hachées	4
15 ml	basilic frais haché	1 c. à s.
1 ml	zeste de citron râpé	1/4 c. à t.
	sel et poivre	
	poivre de Cayenne, au goût	

1 Mettre le poulet haché, l'ail, la chapelure et le cari dans le bol du robot culinaire. Mélanger rapidement. Bien assaisonner de sel, de poivre et de poivre de Cayenne. Ajouter l'œuf battu. Bien mélanger de nouveau, jusqu'à ce que le mélange commence à former une boule.

2 Façonner le mélange en boulettes, couvrir et réfrigérer 15 minutes ou jusqu'à ce que les boulettes soient fermes.

3 Faire chauffer la moitié de l'huile dans une poêle, à feu moyen. Ajouter les boulettes et faire cuire

4 à 5 minutes afin qu'elles soient dorées sur toutes les faces. Lorsque les boulettes sont cuites, les retirer de la poêle et les égoutter sur un papier absorbant.

4 Ajouter le reste de l'huile dans la poêle, au besoin. Faire cuire le poivron 3 minutes, le retirer et réserver.

5 Ajouter les tomates hachées, le basilic et le zeste de citron ; bien assaisonner. Faire cuire 12 minutes à feu moyen. Remettre les poivrons et les boulettes dans la poêle. Laisser mijoter 3 minutes, puis servir sur des pâtes.

Mettre le poulet haché, l'ail, la chapelure et le cari dans le bol du robot culinaire. Mélanger rapidement. Bien assaisonner de sel, de poivre et de poivre de Cayenne. Ajouter l'œuf battu.

Façonner le mélange en boulettes.

Faire chauffer la moitié de l'huile dans une poêle, à feu moyen. Ajouter les boulettes et faire cuire 4 à 5 minutes afin qu'elles soient dorées sur toutes les faces.

Ajouter les tomates hachées, le basilic et le zeste de citron; bien assaisonner. Faire cuire 12 minutes, à feu moyen. Remettre les poivrons et les boulettes dans la poêle.

Poitrines de poulet pochées

(4 portions)

2	poitrines de poulet entières et désossées	2
½	branche de céleri, tranchée	½
1	carotte, pelée et tranchée	1
5	feuilles de basilic frais	5
4	échalotes sèches, épluchées	4
1	brin de thym	1
2	brins de persil	2
	sel et poivre	

1 Enlever la peau des poitrines de poulet et les couper en deux. Les dégraisser et les rincer sous l'eau froide.

2 Mettre les demi-poitrines de poulet dans une poêle. Ajouter tous les ingrédients, bien assaisonner. Ajouter suffisamment d'eau pour les couvrir; porter à ébullition.

3 Baisser le feu à doux et faire cuire 8 à 10 minutes. Si nécessaire, modifier le temps de cuisson selon la grosseur des morceaux.

4 Lorsque le poulet est cuit, le retirer de la poêle. Avant d'utiliser le liquide de cuisson dans une sauce, le faire bouillir 2 à 3 minutes à feu vif, pour en faire ressortir toutes les saveurs.

Note: Le poulet ainsi apprêté se prête bien pour faire des sandwiches, un pâté de poulet en croûte ou des salades.

Poitrines de poulet pochées aux épinards
(4 portions)

2	bottes d'épinards, bien lavés	2
2	poitrines de poulet entières et désossées	2
1/2	branche de céleri, coupée en dés	1/2
1	carotte, pelée et tranchée	1
1	oignon, épluché et coupé en quartiers	1
1	feuille de laurier	1
625 ml	eau	2 1/2 tasses
60 ml	beurre	4 c. à s.
45 ml	farine	3 c. à s.
1	gousse d'ail, épluchée et tranchée	1
15 ml	basilic frais haché	1 c. à s.
125 ml	gruyère râpé	1/2 tasse
	sel et poivre	

Préchauffer le four à 180 °C (350 °F).

1 Faire cuire les épinards à la vapeur, égoutter, hacher, réserver.

2 Enlever la peau des poitrines de poulet et couper en deux. Mettre dans une poêle, avec le céleri, la carotte, l'oignon, le laurier et bien assaisonner. Ajouter l'eau ; porter à ébullition à feu moyen-vif. Puis à feu doux, faire mijoter 10 minutes.

3 Retirer le poulet ; réserver. Poursuivre la cuisson du liquide 5 minutes, à feu vif. Filtrer et réserver.

4 Faire fondre 30 ml (2 c. à s.) de beurre dans une casserole. Bien y mélanger la farine ; faire cuire 1 minute à feu doux. Bien incorporer le liquide filtré en fouettant. Assaisonner et faire cuire 12 minutes, à feu doux.

5 Faire chauffer le reste du beurre dans une poêle, à feu moyen. Y faire cuire l'ail 1 minute. Ajouter les épinards et le basilic ; faire cuire 3 minutes, à feu moyen.

6 Disposer les épinards dans un plat allant au four. Couvrir du poulet et napper de sauce. Parsemer de gruyère et faire cuire 8 minutes au four. Servir avec des pommes de terre et des carottes, si désiré.

Poulet à la crème et à la ciboulette
(4 portions)

1,5 kg	poulet lavé et coupé en 6 morceaux	3 lb
30 ml	beurre	2 c. à s.
15 ml	huile d'olive	1 c. à s.
1	oignon rouge, épluché et coupé en rondelles	1
250 g	têtes de champignon frais, nettoyées	½ lb
175 ml	vin blanc sec	¾ tasse
30 ml	ciboulette fraîche hachée	2 c. à s.
50 ml	crème à 35 %	¼ tasse
	sel et poivre	

Préchauffer le four à 180 °C (350 °F).

1 Enlever la peau des morceaux de poulet et bien les assaisonner. Faire chauffer le beurre et l'huile dans une poêle allant au four, à feu moyen. Ajouter les morceaux de poulet et faire cuire 2 minutes de chaque côté.

2 Ajouter l'oignon et mélanger. Couvrir et faire cuire au four, 18 minutes.

3 Retirer les demi-poitrines de poulet de la poêle et garder au chaud.

4 Ajouter les champignons, assaisonner et poursuivre la cuisson du reste du poulet au four, 10 à 12 minutes.

5 Retirer les morceaux de poulet de la poêle et garder au chaud. Déposer la poêle sur la cuisinière, à feu vif. Y verser le vin et faire cuire 4 minutes, sans couvrir.

6 Incorporer la ciboulette et la crème; bien assaisonner. Poursuivre la cuisson 3 minutes, à feu vif.

7 Baisser le feu à doux. Remettre le poulet dans la poêle et faire mijoter 3 minutes. Servir avec des betteraves, si désiré.

Poulet au concombre et aux petits oignons blancs

(4 portions)

1,5 kg	poulet lavé et coupé en 6 morceaux	3 lb
45 ml	beurre	3 c. à s.
24	petits oignons blancs, épluchés et blanchis	24
I	gros concombre, épluché, épépiné et coupé en morceaux de I cm ($^1/_2$ po)	I
15 ml	basilic frais haché	I c. à s.
15 ml	persil frais haché	I c. à s.
	sel et poivre	
	jus de I citron	

1 Enlever la peau des morceaux de poulet et bien les assaisonner. Faire chauffer le beurre dans une poêle, à feu moyen. Ajouter le poulet. Faire cuire 18 minutes, à feu doux, en retournant les morceaux 2 à 3 fois pendant la cuisson.

2 Retirer les demi-poitrines de poulet de la poêle et réserver.

3 Ajouter les petits oignons blancs au reste du poulet dans la poêle, et faire cuire 4 minutes. Ajouter le concombre et les fines herbes ; bien assaisonner. Faire cuire 6 minutes, à feu doux.

4 Remettre les demi-poitrines de poulet dans la poêle et ajouter le jus de citron. Faire mijoter 3 minutes avant de servir. Accompagner de pommes de terre, si désiré.

Poulet à l'aubergine et à l'oignon rouge

(4 portions)

2	poitrines de poulet entières et désossées	2
50 ml	huile d'olive	¼ tasse
½	aubergine, coupée en tranches de 5 mm (½ po) d'épaisseur	½
1	gros oignon rouge, épluché et tranché	1
15 ml	basilic frais haché	1 c. à s.
15 ml	persil frais haché	1 c. à s.
2	gousses d'ail, épluchées, écrasées et hachées	2
15 ml	sauce soya	1 c. à s.
	sel et poivre	

1 Enlever la peau des poitrines de poulet et les couper en lanières d'environ 1 cm (½ po) de large. Réserver.

2 Faire chauffer la moitié de l'huile dans une grande poêle, à feu vif. Ajouter les tranches d'aubergine et faire cuire 3 à 4 minutes de chaque côté. Retirer de la poêle et garder au four chaud.

3 Ajouter les rondelles d'oignon à la poêle chaude. Faire cuire 3 à 4 minutes. Retirer de la poêle et mettre au four avec l'aubergine.

4 Faire chauffer le reste de l'huile dans la poêle. Ajouter la moitié du poulet et bien assaisonner. Faire cuire 3 à 4 minutes à feu vif, en retournant les morceaux une fois pendant la cuisson. Retirer le poulet et réserver.

5 Faire cuire le reste du poulet dans la poêle chaude.

6 Remettre la première moitié du poulet dans la poêle. Ajouter les fines herbes et l'ail; faire cuire 1 minute. Arroser de sauce soya et bien mélanger. Faire cuire 30 secondes et servir avec l'aubergine et l'oignon. Accompagner de polenta, si désiré.

Pilons à la sichuanaise

(4 portions)

12	pilons de poulet	12
50 ml	sauce sichuan	¼ tasse
3	gousses d'ail, blanchies, épluchées et en purée	3
30 ml	huile de sésame	2 c. à s.
125 ml	vin blanc sec	½ tasse
1 ml	clou de girofle moulu	¼ c. à t.
15 ml	graines de céleri	1 c. à s.
50 ml	miel	¼ tasse
	sel et poivre	
	jus de ½ citron	

1 Ne pas enlever la peau des pilons. Dans un bol, mélanger la sauce sichuan, l'ail, l'huile, le vin et les assaisonnements. Mettre le poulet dans la marinade et bien mélanger. Réfrigérer au moins 1 heure.

2 Préchauffer le four à 180 °C (350 °F).

3 Ranger les pilons dans un plat allant au four. Faire cuire au four, 40 à 45 minutes pour les pilons de grosseur moyenne. Si nécessaire, modifier le temps de cuisson selon la grosseur des pilons.

4 Mélanger le miel et le jus de citron. Lorsque le poulet est cuit, le badigeonner de ce mélange. Faire griller quelques minutes en prenant garde de ne pas faire brûler le miel et servir. Accompagner de tomates cerises et d'une julienne de poivrons verts, si désiré.

Brochettes de poulet marinées
(4 portions)

30 ml	jus de citron	2 c. à s.
30 ml	vinaigre balsamique	2 c. à s.
30 ml	huile d'olive	2 c. à s.
5 ml	miel	1 c. à t.
2 ml	origan	½ c. à t.
1	pincée de thym	1
1½	poitrine de poulet entière et désossée	1½
1	oignon rouge, épluché	1
1	poivron vert	1
16	têtes de gros champignons, nettoyées	16
	quelques gouttes de tabasco	
	sel et poivre fraîchement moulu	

1 Dans un grand bol, mélanger le jus de citron, le vinaigre, l'huile, le miel, l'origan, le thym, le tabasco, le sel et le poivre.

2 Enlever la peau du poulet et couper la chair en morceaux de 2,5 cm (1 po). Mettre les morceaux de poulet dans la marinade, couvrir et réfrigérer au moins 1 heure.

3 Préchauffer le four à 180 °C (350 °F).

4 Couper l'oignon rouge et le poivron vert en morceaux afin de les enfiler sur une brochette.

5 En alternant, enfiler sur les brochettes en métal des morceaux de poulet, d'oignon rouge, de poivron vert et de champignon. Disposer dans un plat allant au four et badigeonner d'un peu de marinade.

6 Faire chauffer le four à gril. Lorsqu'il est chaud, enfourner les brochettes et faire griller 8 minutes en les retournant 2 à 3 fois pendant la cuisson. Si les brochettes commencent à brûler, les mettre sur une grille plus bas dans le four.

7 Servir sur du riz.

Bouchées de poulet épicées
(4 portions)

50 ml	vinaigre balsamique	¼ tasse
1	piment jalapeño, épépiné et haché	1
30 ml	sauce soya	2 c. à s.
15 ml	jus de citron	1 c. à s.
5 ml	moutarde douce	1 c. à t.
1	gousse d'ail, épluchée, écrasée et hachée	1
15 ml	miel	1 c. à s.
1 ml	thym	¼ c. à t.
5 ml	origan	1 c. à t.
2	poitrines de poulet entières et désossées	2
250 ml	farine	1 tasse
2	œufs, battus	2
250 ml	chapelure	1 tasse
	sel et poivre	
	huile d'arachide	

1 Dans un grand bol, mélanger le vinaigre, le piment, la sauce soya et le jus de citron. Incorporer la moutarde, l'ail, le miel et les assaisonnements.

2 Enlever la peau du poulet et découper la chair en morceaux de 2,5 cm (1 po). Mettre les morceaux de poulet dans la marinade, bien mélanger, couvrir et faire mariner 1 heure au réfrigérateur.

3 Enrober les morceaux de poulet de farine. Les tremper dans les œufs battus et les rouler dans la chapelure.

4 Faire cuire dans l'huile chaude 3 à 4 minutes. Égoutter sur du papier absorbant. Servir avec des morceaux d'ananas, si désiré.

Lanières de poulet assaisonnées

(4 portions)

2	poitrines de poulet entières et désossées	2
30 ml	huile d'olive	2 c. à s.
3	gousses d'ail, épluchées, écrasées et hachées	3
15 ml	estragon frais haché	1 c. à s.
15 ml	basilic frais haché	1 c. à s.
5 ml	persil frais haché	1 c. à t.
	sel et poivre	
	jus de 1 citron	

1 Enlever la peau du poulet et le couper en lanières d'environ 5 mm (¼ po) de large. Faire chauffer l'huile dans une poêle, à feu moyen. Ajouter le poulet, bien assaisonner et faire cuire 2 à 3 minutes.

2 Retirer le poulet de la poêle et réserver.

3 Ajouter l'ail et faire cuire 1 minute. Ajouter les fines herbes et remettre le poulet dans la poêle. Faire cuire 30 secondes.

4 Mouiller avec le jus de citron, bien mélanger et servir immédiatement sur du riz. Accompagner d'asperges, si désiré.

Cuisses de poulet marinées
(4 portions)

50 ml	huile d'olive	¼ tasse
30 ml	sauce chili	2 c. à s.
250 ml	jus d'orange	1 tasse
15 ml	basilic frais haché	1 c. à s.
2 ml	thym	½ c. à t.
2	gousses d'ail, épluchées, écrasées et hachées	2
15 ml	moutarde forte	1 c. à s.
30 ml	vinaigre balsamique	2 c. à s.
4	cuisses de poulet	4
	poivre fraîchement moulu	

1 Mettre 30 ml (2 c. à s.) d'huile dans un bol. Ajouter le reste des ingrédients, sauf le poulet et bien mélanger.

2 Ranger le poulet dans une rôtissoire et l'arroser de marinade. Couvrir et réfrigérer 1 heure. Retourner les cuisses de poulet 4 fois.

3 Préchauffer le four à 180 °C (350 °F).

4 Retirer les cuisses de poulet de la marinade et les assécher. Faire chauffer le reste de l'huile dans une cocotte allant au four, à feu moyen. Ajouter le poulet et faire cuire 8 minutes, à feu doux. Retourner souvent les cuisses pour éviter qu'elles ne brûlent.

5 Terminer la cuisson au four, 35 à 40 minutes. Si nécessaire, modifier le temps de cuisson selon la grosseur des cuisses de poulet. Badigeonner souvent de marinade pendant la cuisson.

6 Vérifier la cuisson du poulet en enfonçant une brochette en métal dans la partie la plus charnue. Il devrait s'en écouler un jus clair.

7 Servir avec une salade du jardin.

Poitrines de poulet marinées au romarin

(4 portions)

2	poitrines de poulet entières et désossées	2
125 ml	vin blanc sec	½ tasse
45 ml	huile d'olive	3 c. à s.
5 ml	basilic	1 c. à t.
5 ml	romarin	1 c. à t.
2	gousses d'ail, épluchées	2
50 ml	huile d'olive	¼ tasse
250 g	têtes de champignon frais, nettoyées	½ lb
24	tomates cerises, coupées en moitiés	24
15 ml	persil frais haché	1 c. à s.
	sel et poivre	

1 Enlever la peau du poulet et couper la chair en morceaux de 2,5 cm (1 po). Les mettre dans un bol avec le vin, 45 ml (3 c. à s.) d'huile d'olive, le basilic, le romarin et l'ail. Bien assaisonner, mélanger et couvrir d'une pellicule plastique. Faire mariner 1 heure au réfrigérateur.

2 À feu vif, faire chauffer la moitié du reste de l'huile dans une poêle, puis y faire sauter la moitié du poulet 2 à 3 minutes. Retirer le poulet de la poêle et réserver.

3 Recommencer avec le reste du poulet. Réserver avec le poulet déjà cuit.

4 Faire chauffer le reste de l'huile dans la poêle. Y faire cuire les têtes de champignon 3 minutes, à feu vif. Ajouter les tomates, assaisonner et faire cuire encore 2 minutes.

5 Remettre le poulet dans la poêle et ajouter le persil. Mélanger et faire cuire 1 minute avant de servir. Accompagner de riz, si désiré.

Ragoût de poulet
(4 portions)

2	poitrines de poulet entières et désossées	2
45 ml	huile d'olive	3 c. à s.
3	tomates, pelées, épépinées et hachées	3
2	gousses d'ail, épluchées et tranchées	2
2	filets d'anchois, rincés, égouttés et hachés	2
15 ml	basilic frais haché	1 c. à s.
125 ml	vin blanc sec	½ tasse
1	pincée de sarriette	1
	sel et poivre	

1 Enlever la peau du poulet et couper la chair en lanières de 1 cm (½ po) de large. À feu moyen, faire chauffer la moitié de l'huile dans une grande poêle. Ajouter la moitié du poulet et bien assaisonner. Faire cuire 3 à 4 minutes, à feu vif, en retournant les morceaux de poulet une fois pendant la cuisson. Retirer le poulet et garder au chaud.

2 Faire chauffer le reste de l'huile dans la poêle et y faire cuire le reste du poulet. Réserver avec le poulet déjà cuit.

3 Dans la poêle chaude, mettre les tomates, l'ail, les anchois et les assaisonnements. Faire cuire 4 minutes, à feu vif.

4 Ajouter le vin et bien assaisonner. Poursuivre la cuisson 2 minutes. Remettre le poulet dans la poêle ; faire mijoter 2 minutes à feu doux et servir. Accompagner de pâtes, si désiré.

Poitrines de poulet au vinaigre balsamique
(4 portions)

2	poitrines de poulet entières et désossées	2
50 ml	beurre	¼ tasse
4	échalotes sèches, épluchées et tranchées	4
175 ml	vinaigre balsamique	¾ tasse
15 ml	miel	1 c. à s.
	sel et poivre	

1 Enlever la peau des poitrines de poulet et les couper en deux. Saler et poivrer.

2 Faire chauffer 30 ml (2 c. à s.) de beurre dans une poêle, à feu moyen. Ajouter le poulet et faire cuire 8 à 10 minutes. Si nécessaire, modifier le temps de cuisson selon la grosseur des morceaux. Retourner les demi-poitrines de poulet à mi-cuisson.

3 Retirer le poulet de la poêle et garder au chaud.

4 Ajouter les échalotes sèches à la poêle et faire revenir 2 minutes, à feu moyen. Ajouter le vinaigre et le miel. Poursuivre la cuisson jusqu'à ce que le liquide devienne sirupeux. Retirer la poêle du feu, ajouter le reste du beurre et bien mélanger.

5 Verser sur le poulet et servir avec une salade verte.

Poulet garni de crevettes
(4 portions)

2	poitrines de poulet entières et désossées	2
50 ml	beurre	¼ tasse
250 g	crevettes fraîches, décortiquées et déveinées	½ lb
375 ml	croûtons	1 ½ tasse
15 ml	persil frais haché	1 c. à s.
	jus de 1 citron	
	sel et poivre	

1 Enlever la peau des poitrines de poulet, les couper en deux et les dégraisser.

2 Faire chauffer 45 ml (3 c. à s.) de beurre dans une poêle, à feu moyen. Ajouter le poulet et le jus de citron ; bien assaisonner. Couvrir et faire cuire 10 minutes, à feu doux. Si nécessaire, modifier le temps de cuisson selon la grosseur des morceaux. Retourner 2 fois pendant la cuisson.

3 Lorsque le poulet est cuit, le retirer de la poêle et le garder au chaud.

4 Ajouter le reste du beurre à la poêle et augmenter le feu à vif. Ajouter les crevettes et faire cuire 3 minutes. Bien assaisonner.

5 Ajouter les croûtons et le persil ; faire cuire 2 minutes.

6 Verser le mélange aux crevettes sur le poulet et servir avec des pâtes, si désiré.

Poulet au paprika
(4 portions)

1,5 kg	poulet lavé et coupé en 6 morceaux	3 lb
45 ml	huile d'olive	3 c. à s.
1	gros oignon rouge, épluché et émincé	1
30 ml	paprika	2 c. à s.
30 ml	farine	2 c. à s.
375 ml	bouillon de poulet, chaud	1 ½ tasse
2	tomates, pelées, épépinées et hachées	2
2	gousses d'ail, épluchées, écrasées et hachées	2
	sel et poivre	
	crème sure et ciboulette fraîche hachée	

1 Enlever la peau des morceaux de poulet et bien les assaisonner. Faire chauffer l'huile dans une poêle, à feu moyen. Ajouter le poulet et le faire brunir sur toutes ses faces, 8 minutes.

2 Ajouter l'oignon ; faire cuire 10 minutes, à feu doux.

3 Retirer les demi-poitrines de poulet de la poêle et garder au chaud.

4 Ajouter le paprika au reste du poulet, dans la poêle, et bien mélanger. Faire cuire 3 minutes. Ajouter la farine et mélanger de nouveau.

5 Mouiller avec le bouillon de poulet et bien mélanger. Assaisonner, incorporer les tomates et l'ail et poursuivre la cuisson 8 minutes, à feu doux.

6 Remettre les demi-poitrines de poulet dans la poêle ; laisser mijoter 3 minutes. Servir avec de la crème sure et de la ciboulette. Accompagner de riz et d'une julienne de légumes, si désiré.

Faire chauffer l'huile dans une poêle, à feu moyen.
Ajouter le poulet et le faire brunir sur toutes ses
faces, 8 minutes.

Ajouter l'oignon ; faire cuire 10 minutes, à feu doux.
Retirer les demi-poitrines de poulet de la poêle et
garder au chaud.

Mouiller avec le bouillon de poulet et bien mélanger.
Assaisonner, incorporer les tomates et l'ail et poursuivre la cuisson 8 minutes, à feu doux.

Remettre les demi-poitrines de poulet dans la poêle ;
laisser mijoter 3 minutes.

Cuisses de poulet Louis
(4 portions)

4	grosses cuisses de poulet	4
2	grosses gousses d'ail, épluchées	2
250 ml	farine	1 tasse
2 ml	poivre noir	½ c. à t.
2 ml	poivre blanc	½ c. à t.
1 ml	poivre de Cayenne	¼ c. à t.
1 ml	gingembre moulu	¼ c. à t.
50 ml	huile végétale	¼ tasse
500 ml	bouillon de poulet, chaud	2 tasses
30 ml	beurre	2 c. à s.
125 ml	chacun des ingrédients suivants, coupé en dés : oignon, céleri, poivron	½ tasse

Préchauffer le four à 180 °C (350 °F).

1 Couper les cuisses de poulet à l'articulation. Enlever la peau. Frotter la chair avec les gousses d'ail. Mettre 175 ml (¾ tasse) de farine dans un sac en plastique, avec les assaisonnements. Secouer pour mélanger. Ajouter le poulet et secouer pour l'enrober du mélange.

2 Faire chauffer l'huile dans une poêle en fonte, à feu moyen. Y faire cuire le poulet 6 minutes de chaque côté. Retirer le poulet et réserver. Filtrer l'huile dans une passoire tapissée d'une mousseline, puis la verser dans la poêle.

3 Remettre la poêle sur la cuisinière, à feu moyen. Ajouter le reste de la farine et faire brunir, en remuant sans cesse. Baisser le feu à doux. Ajouter le bouillon de poulet et laisser mijoter 2 minutes, à feu doux.

4 Faire chauffer le beurre dans une autre poêle, à feu moyen. Y faire cuire les légumes 5 minutes. Les ajouter à la sauce, dans la poêle en fonte.

5 Ajouter le poulet à la sauce, couvrir et faire cuire au four, environ 40 à 45 minutes. Servir avec du riz et des carottes, si désiré.

Poulet au vin blanc
(4 portions)

1,5 kg	poulet lavé et coupé en 6 morceaux	3 lb
30 ml	huile d'olive	2 c. à s.
24	petits oignons blancs, épluchés	24
24	pommes de terre parisiennes, cuites 6 minutes	24
1	gros poivron rouge, coupé en gros dés	1
2	gousses d'ail, épluchées, écrasées et hachées	2
250 ml	vin blanc sec	1 tasse
15 ml	basilic frais haché	1 c. à s.
	sel et poivre	

1 Enlever la peau des morceaux de poulet et bien les assaisonner. Faire chauffer l'huile dans une poêle, à feu moyen. Ajouter le poulet. Faire cuire 10 minutes, à feu doux, en retournant les morceaux 1 à 2 fois pendant la cuisson.

2 Ajouter les petits oignons blancs et poursuivre la cuisson 8 minutes, à feu doux, en retournant les morceaux de poulet une fois.

3 Retirer les demi-poitrines de poulet de la poêle et réserver.

4 Ajouter les pommes de terre parisiennes, le poivron et l'ail; bien assaisonner. Poursuivre la cuisson 8 minutes.

5 Remettre les poitrines de poulet dans la poêle et poursuivre la cuisson 2 minutes. Retirer le poulet et les légumes de la poêle et garder au chaud sur un plat de service.

6 Augmenter le feu à vif sous la poêle et y verser le vin. Faire réduire 3 minutes.

7 Napper le poulet de sauce, parsemer de basilic et servir. Accompagner de haricots verts, si désiré.

Cuisses de poulet à la sauce tomate piquante
(4 portions)

4	grosses cuisses de poulet	4
2 ml	poivre noir	½ c. à t.
1 ml	poivre de Cayenne	¼ c. à t.
2 ml	poivre blanc	½ c. à t.
1 ml	poudre de chili	¼ c. à t.
1 ml	sel	¼ c. à t.
30 ml	huile végétale	2 c. à s.
1	oignon, épluché et haché	1
½	branche de céleri, coupée en dés	½
1	poivron rouge, coupé en dés	1
1	piment jalapeño, épépiné et haché	1
3	tomates, pelées, épépinées et hachées	3
250 ml	sauce tomate	1 tasse
1	grosse pincée de sucre	1

Préchauffer le four à 180 °C (350 °F).

1 Couper les cuisses de poulet à l'articulation. Enlever la peau.

2 Dans un petit bol, mélanger les assaisonnements, sauf le sucre. En frotter la chair du poulet.

3 Faire chauffer l'huile dans une poêle en fonte, à feu moyen. Y faire cuire le poulet 6 minutes de chaque côté, à feu doux. Retirer et réserver.

4 Dans la poêle chaude, ajouter l'oignon, le céleri, le poivron et le piment jalapeño. Faire cuire 3 minutes. Ajouter le reste des ingrédients ; bien assaisonner. Faire cuire 6 minutes, à feu moyen.

5 Mettre le poulet dans la sauce, couvrir et faire cuire environ 40 à 45 minutes au four. Remuer deux fois pendant la cuisson.

6 Retirer le poulet cuit de la poêle et réserver. Déposer la poêle sur la cuisinière, à feu moyen, et faire cuire 2 minutes. Remettre le poulet dans la sauce ; laisser mijoter 2 minutes avant de servir.

Poulet à la sauce au citron
(4 portions)

2	poitrines de poulet entières et désossées	2
30 ml	beurre	2 c. à s.
15 ml	huile d'olive	1 c. à s.
1	gousse d'ail, épluchée et tranchée	1
375 ml	bouillon de poulet, chaud	1½ tasse
15 ml	fécule de maïs	1 c. à s.
30 ml	eau froide	2 c. à s.
5 ml	sauce soya	1 c. à t.
5 ml	zeste de citron râpé	1 c. à t.
	jus de 1½ citron	
	sel et poivre	

1 Enlever la peau du poulet et découper la chair en lanières de 1 cm (½ po) de large. Faire chauffer la moitié du beurre et la moitié de l'huile dans un wok ou dans une grande poêle, à feu vif. Ajouter la moitié du poulet et bien assaisonner. Faire revenir 3 à 4 minutes, à feu vif. Retirer le poulet et réserver.

2 Faire chauffer le reste du beurre et de l'huile dans le wok et y faire cuire le reste du poulet. Réserver avec le poulet déjà cuit.

3 Ajouter l'ail au wok et faire revenir 20 secondes. Verser le jus de citron et le bouillon de poulet ; faire cuire 2 à 3 minutes, à feu vif.

4 Diluer la fécule de maïs dans l'eau froide ; incorporer à la sauce. Ajouter la sauce soya, assaisonner et bien mélanger.

5 Remettre le poulet dans la sauce, dans le wok, et incorporer le zeste de citron. Laisser mijoter 1 minute et servir avec un riz à la vapeur.

Lanières de poulet frit aux légumes

(4 portions)

2	petites poitrines de poulet entières et désossées	2
30 ml	sauce soya	2 c. à s.
50 ml	vin blanc sec	¼ tasse
2	gousses d'ail, épluchées, écrasées et hachées	2
1	pincée de piments forts écrasés	1
50 ml	huile végétale	¼ tasse
250 g	champignons frais, nettoyés et coupés en tranches épaisses	½ lb
½	courgette, coupée en bâtonnets	½
1	petite botte d'asperges, cuites al dente et coupées en morceaux de 2,5 cm (1 po)	1
2	carottes, coupées en bâtonnets et cuites al dente	2
125 ml	pignons	½ tasse
250 ml	bouillon de poulet, chaud	1 tasse
2 ml	fécule de maïs	½ c. à t.
15 ml	eau froide	1 c. à s.
	sel et poivre	

1 Enlever la peau du poulet et couper la chair en lanières de 5 mm (¼ po) de large. Mettre dans un bol avec la sauce soya, le vin, l'ail, les piments forts et le poivre. Laisser mariner 15 minutes.

2 Faire chauffer la moitié de l'huile dans une grande poêle, à feu vif. Ajouter les lanières de poulet et faire revenir 2 à 3 minutes, à feu vif. Retirer le poulet et réserver.

3 Faire chauffer le reste de l'huile dans le wok. Y faire revenir les champignons et la courgette 3 minutes, à feu vif. Bien assaisonner.

4 Ajouter le reste des légumes et les pignons ; faire cuire 1 minute.

5 Mouiller avec le bouillon de poulet. Diluer la fécule de maïs dans l'eau froide ; incorporer à la sauce. Remettre le poulet dans le wok, bien mélanger et faire cuire 30 secondes pour réchauffer. Servir avec des nouilles, si désiré.

Poulet frit au cognac
(4 portions)

2	petites poitrines de poulet entières et désossées	2
45 ml	huile d'olive	3 c. à s.
1	poivron jaune, coupé en lanières	1
1	poivron rouge, coupé en lanières	1
1	botte d'asperges, cuites al dente et coupées en morceaux de 2,5 cm (1 po)	1
125 g	haricots verts, cuits et coupés en deux	¼ lb
250 ml	bouillon de poulet, chaud	1 tasse
30 ml	sauce teriyaki	2 c. à s.
30 ml	cognac	2 c. à s.
5 ml	fécule de maïs	1 c. à t.
15 ml	eau froide	1 c. à s.
	sel et poivre	

1 Enlever la peau du poulet et couper la chair en lanières de 5 mm (¼ po) de large.

2 Faire chauffer la moitié de l'huile dans une grande poêle, à feu vif. Ajouter le poulet et bien assaisonner. Faire cuire 2 à 3 minutes, à feu vif, en retournant le poulet une fois pendant la cuisson. Retirer le poulet et réserver.

3 Faire chauffer le reste de l'huile dans la poêle. Ajouter tous les légumes. Assaisonner et faire revenir 1 à 2 minutes. Retirer les légumes et réserver.

4 Mélanger le bouillon de poulet, la sauce teriyaki et le cognac. Verser dans la poêle. Diluer la fécule de maïs dans l'eau froide ; incorporer à la sauce. Bien mélanger et faire cuire 20 secondes.

5 Remettre le poulet et les légumes dans la poêle ; faire cuire encore 20 secondes et servir. Accompagner de riz, si désiré.

Poulet frit au gingembre
(4 portions)

2	petites poitrines de poulet entières et désossées	2
30 ml	gingembre frais haché	2 c. à s.
2	échalotes sèches, épluchées et hachées	2
45 ml	sauce teriyaki	3 c. à s.
50 ml	xérès	¼ tasse
45 ml	huile végétale	3 c. à s.
1	poivron rouge, émincé	1
1	petite courgette, tranchée	1
2	gousses d'ail, épluchées et tranchées	2
1	piment fort, épépiné et haché	1
6	tomates cerises, coupées en deux	6
375 ml	bouillon de poulet, chaud	1 ½ tasse
2 ml	fécule de maïs	½ c. à t.
15 ml	eau froide	1 c. à s.
	sel et poivre	

1 Enlever la peau du poulet et couper la chair en lanières de 5 mm (¼ po) de large ; les mettre dans un bol. Ajouter le gingembre, les échalotes sèches, la sauce teriyaki et le xérès ; saler et poivrer. Couvrir d'une pellicule plastique et faire mariner 30 minutes, au réfrigérateur.

2 Faire chauffer la moitié de l'huile dans un wok ou dans une poêle profonde, à feu vif. Ajouter les lanières de poulet et faire revenir 2 à 3 minutes, à feu vif. Retirer le poulet et réserver.

3 Faire chauffer le reste de l'huile dans le wok. Ajouter les légumes et faire revenir 2 à 3 minutes, à feu vif.

4 Mouiller avec le bouillon de poulet. Diluer la fécule de maïs dans l'eau froide ; incorporer à la sauce. Faire cuire 30 secondes. Remettre le poulet dans le wok pour le réchauffer, puis servir immédiatement avec du riz.

Poulet aux pois mange-tout et au brocoli
(4 portions)

2	poitrines de poulet entières et désossées	2
45 ml	huile végétale	3 c. à s.
1	brocoli, coupé en bouquets et blanchi	1
250 g	pois mange-tout, blanchis	½ lb
12	petits oignons blancs, cuits	12
2	gousses d'ail, épluchées, écrasées et hachées	2
15 ml	gingembre frais haché	1 c. à s.
375 ml	bouillon de poulet, chaud	1 ½ tasse
5 ml	sauce soya	1 c. à t.
5 ml	sucre	1 c. à t.
15 ml	vinaigre	1 c. à s.
5 ml	fécule de maïs	1 c. à t.
15 ml	eau froide	1 c. à s.
	sel et poivre	

1 Enlever la peau du poulet et couper la chair en lanières d'environ 1 cm (½ po) de large. Faire chauffer la moitié de l'huile dans une grande poêle, à feu vif. Ajouter le poulet et bien assaisonner. Faire cuire 3 à 4 minutes, à feu vif, en retournant une fois pendant la cuisson.

2 Retirer le poulet de la poêle et garder au chaud.

3 Faire chauffer le reste de l'huile dans la poêle. Ajouter les légumes et faire cuire 1 minute, à feu vif. Retirer de la poêle et réserver.

4 Ajouter l'ail et le gingembre à la poêle chaude ; faire sauter 30 secondes. Mouiller avec le bouillon de poulet et ajouter la sauce soya, le sucre et le vinaigre ; bien mélanger. Faire cuire 4 minutes, à feu moyen.

5 Diluer la fécule de maïs dans l'eau froide ; incorporer à la sauce. Baisser le feu à doux. Remettre le poulet et les légumes dans la poêle ; rectifier l'assaisonnement. Laisser mijoter 2 minutes et servir avec du riz.

Poitrines de poulet au poivre vert
(4 portions)

2	poitrines de poulet entières et désossées	2
50 ml	beurre	1/4 tasse
I	échalote sèche, épluchée et hachée	I
250 g	têtes de champignon frais, nettoyées et coupées en quatre	1/2 lb
125 ml	vin blanc sec	1/2 tasse
500 ml	bouillon de poulet, chaud	2 tasses
45 ml	grains de poivre vert	3 c. à s.
15 ml	fécule de maïs	I c. à s.
45 ml	eau froide	3 c. à s.
	sel et poivre de Cayenne	

1 Enlever la peau des poitrines de poulet et les couper en deux. Faire chauffer la moitié du beurre dans une poêle, à feu moyen. Ajouter le poulet, assaisonner et couvrir partiellement. Faire cuire 8 à 10 minutes, à feu doux, en retournant une fois pendant la cuisson.

2 Retirer le poulet de la poêle et réserver.

3 Faire fondre le reste du beurre dans la poêle chaude. Ajouter l'échalote sèche et les champignons ; bien assaisonner. Faire cuire 4 minutes, à feu vif.

4 Mouiller avec le vin et faire cuire 2 minutes. Ajouter le bouillon de poulet et les grains de poivre vert écrasés ; poursuivre la cuisson 4 minutes, à feu moyen.

5 Diluer la fécule de maïs dans l'eau froide. Incorporer à la sauce. Remettre le poulet dans la poêle et laisser mijoter 3 minutes, à feu doux.

6 Servir avec des carottes minia-tures glacées, des asperges et du riz, si désiré.

Hamburgers au poulet
(4 portions)

625 g	poulet haché	1 ¼ lb
3	gousses d'ail, blanchies	3
45 ml	chutney	3 c. à s.
30 ml	huile végétale	2 c. à s.
	quelques gouttes de sauce de piments	
	sel et poivre fraîchement moulu	

1 Mettre tous les ingrédients, sauf l'huile, dans le bol du robot culinaire. Mélanger juste pour incorporer, puis façonner en petites galettes.

2 Faire chauffer l'huile dans une grande poêle, à feu moyen. Ajouter les galettes de poulet et faire cuire 7 à 8 minutes, à feu moyen. Si nécessaire, modifier le temps de cuisson selon l'épaisseur des galettes. Retourner à la mi-cuisson.

3 Servir sur des petits pains grillés, avec des tranches de tomates, de la laitue et du chutney.

Lanières de poulet frit marinées
(4 portions)

2	poitrines de poulet entières et désossées	2
45 ml	huile d'olive	3 c. à s.
45 ml	jus de lime	3 c. à s.
2	gousses d'ail, épluchées, écrasées et hachées	2
2 ml	origan	½ c. à t.
1 ml	thym	¼ c. à t.
2 ml	marjolaine	½ c. à t.
375 ml	farine assaisonnée	1 ½ tasse
2	gros œufs, battus	2
500 ml	chapelure	2 tasses
	sel et poivre	
	huile d'arachide pour grande friture	

1 Enlever la peau des poitrines de poulet et couper la chair en lanières épaisses. Réserver dans une assiette creuse.

2 Mélanger l'huile, le jus de lime, l'ail et les assaisonnements. Verser sur le poulet, mélanger et faire mariner 1 heure au réfrigérateur.

3 Mettre la farine assaisonnée dans un sac en plastique. Ajouter les lanières de poulet et secouer pour bien les enrober de farine.

4 Tremper le poulet dans les œufs battus, puis l'enrober de chapelure.

5 Faire chauffer l'huile d'arachide et y faire frire le poulet jusqu'à ce qu'il soit doré et bien cuit, environ 3 à 4 minutes selon la grosseur des lanières. Égoutter sur du papier absorbant avant de servir.

Lanières de poulet panées
(4 portions)

1 ½	poitrine de poulet entière et désossée	1 ½
250 ml	farine	1 tasse
2	gros œufs, battus	2
375 ml	chapelure	1 ½ tasse
125 ml	huile végétale	½ tasse
250 ml	crème sure	1 tasse
30 ml	ciboulette fraîche hachée	2 c. à s.
1	pincée de paprika	1
	sel et poivre	
	poivre de Cayenne, au goût	

Préchauffer le four à 190 °C (375 °F).

1 Enlever la peau des poitrines de poulet et les dégraisser. Découper la chair en lanières d'environ 1 cm (½ po) de large.

2 Mettre le poulet dans un bol. Ajouter tous les assaisonnements, sauf la ciboulette, et bien mélanger. Enrober le poulet de farine, puis le tremper dans les œufs battus. Bien enrober de chapelure.

3 Faire chauffer l'huile dans une poêle en fonte, à feu vif. Y faire cuire le poulet en 2 ou 3 portions, jusqu'à ce qu'il soit doré ; environ 3 à 4 minutes.

4 Retirer le poulet cuit à l'aide d'une écumoire et le réserver dans un four chaud. Mélanger la crème sure et la ciboulette et servir avec le poulet.

Poulets de Cornouailles farcis

(4 portions)

2	poulets de Cornouailles	2
75 ml	beurre	1/3 tasse
1	oignon, épluché et haché	1
2	gousses d'ail, épluchées, écrasées et hachées	2
1	tranche mince de jambon fumé, hachée fin	1
15 ml	persil frais haché	1 c. à s.
15 ml	estragon frais haché	1 c. à s.
1	pincée de thym	1
250 ml	chapelure	1 tasse
1	petit œuf, battu	1
	sel et poivre	

Préchauffer le four à 230 °C (450 °F).

1 Laver les poulets, bien les assécher et les assaisonner à l'intérieur et à l'extérieur.

2 Faire chauffer 30 ml (2 c. à s.) de beurre dans une petite poêle, à feu moyen. Ajouter l'oignon et l'ail ; faire cuire 3 minutes, à feu doux. Ajouter le jambon, le persil, l'estragon et le thym ; faire cuire 30 secondes. Verser le mélange dans un bol.

3 Ajouter la chapelure et bien mélanger. Ajouter l'œuf battu, assaisonner et mélanger de nouveau.

4 Farcir les poulets de ce mélange. Les trousser pour les faire rôtir. Badigeonner la peau avec le reste du beurre et disposer dans une rôtissoire. Faire cuire au four 30 à 40 minutes. Si nécessaire, modifier le temps de cuisson selon la grosseur. Badigeonner toutes les 12 minutes.

5 Servir avec des légumes.

Faire chauffer 30 ml (2 c. à s.) de beurre dans une petite poêle, à feu moyen. Ajouter l'oignon et l'ail; faire cuire 3 minutes, à feu doux. Ajouter le jambon, le persil, l'estragon et le thym; faire cuire 30 secondes.

Ajouter la chapelure et bien mélanger. Ajouter l'œuf battu, assaisonner et mélanger de nouveau.

Farcir les poulets de ce mélange.

Trousser les poulets pour les faire rôtir.

Poulets de Cornouailles rôtis, au bacon
(4 portions)

2	poulets de Cornouailles	2
30 ml	beurre	2 c. à s.
15 ml	huile d'olive	1 c. à s.
15 ml	origan frais haché	1 c. à s.
2 ml	coriandre	½ c. à t.
2 ml	sauge	½ c. à t.
12	tranches de bacon	12
4	échalotes sèches, épluchées et hachées	4
375 ml	vin blanc sec	1 ½ tasse
	sel et poivre	

Préchauffer le four à 220 °C (425 °F).

1 Laver les poulets de Cornouailles et bien les assécher. Assaisonner à l'intérieur et à l'extérieur. Répartir le beurre entre les cavités ; trousser pour faire rôtir.

2 Badigeonner la peau des poulets d'huile d'olive. Mélanger les assaisonnements, en frotter les poulets puis les envelopper de tranches de bacon.

3 Mettre les poulets dans une rôtissoire et faire cuire 20 minutes au four. Dès que le bacon est bien cuit, l'enlever et le jeter. Poursuivre la cuisson 10 à 12 minutes. Si nécessaire, modifier le temps de cuisson selon la grosseur.

4 Lorsque les poulets sont cuits, les retirer de la rôtissoire et garder au chaud.

5 Déposer la rôtissoire sur la cuisinière. Jeter les trois quarts de la graisse qu'elle contient. Ajouter les échalotes sèches et faire cuire 1 minute, à feu moyen.

6 Mouiller avec le vin et augmenter le feu à vif ; faire cuire 3 minutes. Rectifier l'assaisonnement. Trancher les poulets et servir avec la sauce. Accompagner de légumes et de riz, si désiré.

Poulets de Cornouailles farcis au riz

(4 portions)

4	poulets de Cornouailles	4
50 ml	beurre	¼ tasse
1	oignon, épluché et finement haché	1
1	gousse d'ail, épluchée, écrasée et hachée	1
15 ml	estragon frais haché	1 c. à s.
250 ml	riz à longs grains, rincé	1 tasse
500 ml	bouillon de poulet, chaud	2 tasses
125 ml	noix de Grenoble hachées	½ tasse
	sel et poivre	

Préchauffer le four à 230 °C (450 °F).

1 Laver les poulets et bien les assécher. Les assaisonner à l'intérieur et à l'extérieur ; réserver.

2 Faire chauffer 15 ml (1 c. à s.) de beurre dans une casserole, à feu moyen. Ajouter l'oignon, l'ail et l'estragon ; faire cuire 3 minutes, à feu doux.

3 Incorporer le riz et faire cuire 2 minutes. Mouiller avec le bouillon de poulet, mélanger et poivrer. Couvrir et faire cuire 18 à 20 minutes, à feu doux. Le riz sera cuit lorsque le liquide sera entièrement absorbé.

4 Incorporer les noix et 5 ml (1 c. à t.) de beurre au riz cuit.

5 Farcir les poulets de ce mélange et les trousser pour les faire rôtir. Badigeonner la peau avec le reste du beurre et disposer dans une rôtissoire. Faire cuire 30 à 40 minutes au four. Si nécessaire, modifier le temps de cuisson selon la grosseur des poulets. Arroser toutes les 10 minutes.

6 Servir avec des tranches de pommes caramélisées. Accompagner d'épinards et de carottes, si désiré.

Poulets de Cornouailles rôtis
(4 portions)

2	poulets de Cornouailles	2
50 ml	beurre, ramolli	¼ tasse
2	échalotes sèches, épluchées et hachées	2
24	raisins verts sans pépins	24
375 ml	bouillon de poulet, chaud	1½ tasse
15 ml	basilic frais haché	1 c. à s.
15 ml	estragon frais haché	1 c. à s.
15 ml	fécule de maïs	1 c. à s.
45 ml	eau froide	3 c. à s.
	sel et poivre	

Préchauffer le four à 230 °C (450 °F).

1 Laver les poulets et bien les assécher. Les assaisonner à l'intérieur et à l'extérieur, et les trousser pour les faire rôtir.

2 Badigeonner la peau des poulets de beurre et les ranger dans une rôtissoire. Faire cuire 30 à 40 minutes au four. Si nécessaire, modifier le temps de cuisson selon la grosseur des morceaux. Badigeonner toutes les 12 minutes et retourner les poulets pendant la cuisson.

3 Lorsque les poulets sont cuits, les retirer de la rôtissoire et réserver. Garder au chaud.

4 Déposer la rôtissoire sur la cuisinière, à feu moyen. Ajouter les échalotes sèches et les raisins ; faire cuire 2 minutes.

5 Mouiller avec le bouillon de poulet, ajouter les fines herbes ; faire cuire 2 minutes.

6 Diluer la fécule de maïs dans l'eau ; incorporer à la sauce. Laisser mijoter 2 minutes, à feu doux. Servir avec les poulets. Accompagner de haricots verts, de pommes et de navets hachés, si désiré.

Cailles farcies au riz épicé
(2 à 4 portions)

FARCE AU RIZ ÉPICÉ

45 ml	beurre	3 c. à s.
1	oignon, épluché et haché	1
1	gousse d'ail, épluchée et tranchée	1
1 ml	poivre noir	¼ c. à t.
1 ml	poivre de Cayenne	¼ c. à t.
1 ml	poivre blanc	¼ c. à t.
1	piment fort, épépiné et haché	1
250 ml	riz à longs grains, rincé	1 tasse
375 ml	bouillon de poulet, chaud	1 ½ tasse

Préchauffer le four à 180 °C (350 °F).

1 À feu moyen, faire chauffer le beurre dans une casserole allant au four. Ajouter l'oignon, l'ail, les épices et le piment fort. Mélanger et faire cuire 2 minutes.

2 Ajouter le riz et saler. Faire cuire 3 minutes pour que le liquide s'évapore. Lorsque le riz commence à coller au fond de la casserole, ajouter le bouillon de poulet. Porter à ébullition, couvrir et faire cuire au four, 18 minutes.

CAILLES

4	cailles, lavées	4
45 ml	beurre fondu	3 c. à s.
	sel et poivre	

Préchauffer le four à 220 °C (425 °F).

1 Assaisonner les cailles à l'intérieur et à l'extérieur. Remplir les cavités de farce au riz épicé. Trousser.

2 Badigeonner la peau de beurre et mettre dans une rôtissoire.

Faire cuire environ 25 à 30 minutes, ou jusqu'à ce que les cailles soient cuites. Arroser de temps à autre.

3 Servir avec des légumes frais.

Cailles grillées
(2 à 4 portions)

4	cailles, lavées	4
2	gousses d'ail, épluchées et coupées en deux	2
50 ml	sauce teriyaki	¼ tasse
50 ml	saké	¼ tasse
30 ml	miel	2 c. à s.
1 ml	gingembre moulu	¼ c. à t.
1 ml	poudre de chili	¼ c. à t.
45 ml	huile d'olive	3 c. à s.
	sel et poivre	

1 À l'aide d'un ciseau à volailles, fendre les cailles par le milieu du dos. Frotter la chair avec l'ail et bien assaisonner. Mettre dans un plat peu profond.

2 Mélanger le reste des ingrédients et verser le mélange sur les cailles. Faire mariner 2 heures au réfrigérateur, en retournant plusieurs fois.

3 Préchauffer le four à 200 °C (400 °F).

4 Régler le four à gril. Ranger les cailles dans une rôtissoire, le côté peau vers le haut. Faire griller 12 minutes, en arrosant souvent.

5 Retourner les cailles et poursuivre la cuisson 10 minutes. Si nécessaire, modifier le temps de cuisson selon la grosseur des cailles. Arroser souvent.

6 Servir avec un riz épicé.

Beurre à l'ail
(quantité : 250 g ou 1/2 lb)

250 g	beurre, ramolli	½ lb
1	échalote sèche, épluchée et hachée fin	1
2	grosses gousses d'ail, épluchées, écrasées et hachées	2
5 ml	persil frais haché	1 c. à t.
	quelques gouttes de tabasco	
	sel et poivre fraîchement moulu	
	jus de citron, au goût	

1 Mettre tous les ingrédients dans un grand bol. Bien incorporer à l'aide d'une cuillère de bois.

2 Déposer le beurre sur une double feuille de papier d'aluminium épais. Façonner en cylindre et enrouler dans le papier d'aluminium. Torsader les extrémités du papier d'aluminium.

3 Faire durcir au réfrigérateur ou congeler pour une utilisation ultérieure.

4 Pour utiliser, développer et couper la quantité de beurre désirée. Envelopper de nouveau et ranger au congélateur.

Marinade

50 ml	jus de lime	¼ tasse
125 ml	huile d'olive	½ tasse
3	gousses d'ail, épluchées et tranchées	3
1	piment jalapeño, épépiné et haché	1
45 ml	poivre moulu	3 c. à s.
5	feuilles d'oseille fraîche	5
2 ml	thym	½ c. à t.

1 Mettre tous les ingrédients dans une casserole. Bien mélanger et faire cuire 3 minutes, à feu moyen.

2 Verser sur le poulet et faire mariner au moins 1 heure au réfrigérateur.

Utiliser cette marinade pour faire griller ou sauter une volaille.

Marinade au madère et à la sauce teriyaki

50 ml	sauce teriyaki	¼ tasse
15 ml	miel	1 c. à s.
15 ml	sauce soya	1 c. à s.
2	gousses d'ail, épluchées et tranchées	2
50 ml	madère	¼ tasse
	poivre fraîchement moulu	

1 Mélanger tous les ingrédients dans un bol.

2 Verser sur le poulet et laisser mariner 1 heure au réfrigérateur.

Utiliser cette marinade pour faire griller ou sauter les volailles, ou encore pour badigeonner un poulet rôti pendant la cuisson.

Assaisonnement

5 ml	huile d'olive	1 c. à t.
15 ml	graines de cumin	1 c. à s.
5 ml	graines de coriandre	1 c. à t.
5	gousses d'ail, blanchies, épluchées et en purée	5
1	piment jalapeño, épépiné et haché fin	1
5 ml	thym	1 c. à t.
5 ml	graines de céleri	1 c. à t.
2 ml	poudre de chili	½ c. à t.
45 ml	jus de lime	3 c. à s.

1 Faire chauffer l'huile dans une petite poêle, à feu moyen. Ajouter les graines de cumin et de coriandre ; faire cuire 1 minute ou jusqu'à ce qu'elles soient dorées.

2 Ajouter le reste des ingrédients, sauf le jus de lime, mélanger et faire cuire 1 minute.

3 Faire pénétrer ce mélange dans la chair entaillée du poulet. Arroser de jus de lime et préparer le poulet pour la cuisson.

Utiliser ce mélange pour faire rôtir un poulet entier ou en morceaux.

Marinade traditionnelle au vin

50 ml	huile d'olive	¼ tasse
125 ml	vin blanc sec	½ tasse
1	gousse d'ail, épluchée et tranchée	1
15 ml	moutarde forte	1 c. à s.
15 ml	vinaigre de vin	1 c. à s.
2 ml	thym	½ c. à t.
5 ml	estragon	1 c. à t.
5 ml	basilic	1 c. à t.
	poivre fraîchement moulu	

1 Mettre tous les ingrédients dans un bol et bien mélanger.

2 Verser sur le poulet et laisser mariner au réfrigérateur.

Utiliser cette marinade pour toutes les méthodes de cuisson.

Sauce d'accompagnement pour poulet rôti
(4 à 6 portions)

1	oignon, épluché et haché	1
½	branche de céleri, coupée en petits dés	½
1	carotte, pelée et coupée en petits dés	1
45 ml	farine	3 c. à s.
500 ml	bouillon de poulet, chaud	2 tasses
2 ml	thym	½ c. à t.
1 ml	marjolaine	¼ c. à t.
2 ml	graines de céleri	½ c. à t.
	sel et poivre fraîchement moulu	

1 Préparer la sauce dès que le poulet est rôti. Jeter la moitié de la graisse de cuisson de la rôtissoire.

2 Déposer la rôtissoire sur la cuisinière, à feu moyen. Ajouter l'oignon, le céleri et la carotte ; faire cuire 5 minutes. Remuer souvent.

3 Saupoudrer de farine et bien mélanger. Faire cuire 2 minutes, à feu doux.

4 Mouiller avec le bouillon de poulet et incorporer au fouet. Ajouter les assaisonnements et faire cuire 6 à 8 minutes, à feu doux.

5 Filtrer la sauce et servir avec le poulet rôti.

Index